JN012628

中学受験社会

# 思考力で解く
# 記述問題 400 題

田中則行

─────── はじめに ───────

　近年、中学受験の社会では答えが1つとは限らない思考力を試す問題を出す学校が増えてきています。こうした問題は、かつては一部の上位校や公立中高一貫校を中心に見られましたが、本書を見れば分かる通り、今は難関校に限らず様々な学校で出題しています。これは2021年より開始した大学入学共通テストが大きく関係しており、今後も出題が増えていくと思われます。

　私は以前、2018〜2020年の入試で出題された多答式の思考型問題をまとめ、『中学受験社会 思考力を身につけるレッスン帳』として刊行しました。そしてあれから3年、社会は大きく変化しました。新型コロナウイルスが世界中で流行し、マスクをつけるのが当たり前になるなどこれまでの生活が大きく一変しました。感染拡大により東京オリンピックが1年延期しました。他にも2022年のロシアのウクライナ侵攻もあります。「戦争」について考えるようになり、世界で起きていることにも関心を持つようになりました。もこうした社会の変化にどう取り組んでいくべきかを受験生に問う問題が見られました。つまり、社会の変化と中学受験はリンクするのです。そこで私は前著を更新する形として2021〜2023年入試で出題された多答式の問題をまとめ、新刊として刊行することにしました。

　本書も前著同様、多答式の思考型問題を中心にまとめています。構成も前著同様、地理・歴史・公民分野に加えて、社会的に認知されたSDGs（持続可能な開発目標）、これからの社会で求められるAL（アクティブラーニング・課題解決型）に当てはまる問題を掲載しています。また歴史分野の一部の問題を除いて複数の解答を示してあります。もちろん、解答例以外の解答も考えられます。それを考えることが本書の醍醐味の1つと思ってください。

そして、思考力問題に臨む際に以下の３つが重要になります。

①知識量

　思考力問題というととかく特別な知識が必要ではないと思われやすいですがそれは違います。知識がなければ考えるきっかけが生まれず、いい答えを浮かべることができません。

②分析力

　思考力問題の中には条件が複雑な問題が多くあります。また、複数の資料を扱う問題もあります。これらを正しく分析することが、よりよい答えを生み出すきっかけになります。

③表現力

　いくら素晴らしいアイデアが浮かんでも、相手に伝わらなければ意味がありません。自分の考えを整理し、どうすれば相手に伝わるか気を配る必要があります。

＊　　　　＊　　　　＊

　以上を意識して取り組んでください。答えがまとまらないときはいずれかが上手くいっていない可能性が高いです。

　最後に、本書は実際に出題された中学入試の社会科の問題のみを掲載していますが、多様な解答が求められる点で公立中高一貫校の適性検査や公立高校の対策としても本書は利用できます。本書を幅広く使っていただければと思います。

　また、本書は１人でも取り組むことができますが、それぞれの意見を持ち寄って議論することで思考力を深めることができるのも魅力の１つです。ぜひ親子で議論し合い、思考力を高めていってください。

～～～～～～～～～～～～～～～～ 目　　次 ～～～～～～～～～～～～～～～～

01地理地形

02地理産業

03歴史分野

04公民分野

05国際社会

06SDGs問題

07AI問題

問1　地図Aは広島市周辺の地形図で、地図Bは同じ場所の赤色立体地図です。赤色立体地図が地形図に比べて、優れている点について説明しなさい。ただし、図中の＋のマークは地図の中心を指します。

(2021年　桐蔭学園　改)

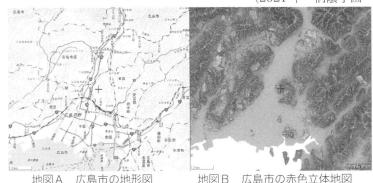

地図A　広島市の地形図　　　　地図B　広島市の赤色立体地図

問2　全国には多くの「暴れ川」があります。この理由を日本列島の地形の特徴を考えて答えなさい。　　　　　　　　(2021年　田園調布学園)

問3　1957年に完成した奥多摩湖は、多摩川を小河内ダムで堰き止めて造られた人工の湖で、正式名称を「小河内遊水池」といいます。ここの水は、おもにどのような目的で使われているか、答えなさい。

(2021年　田園調布学園)

問4　1965年に多摩川の砂利の採取は禁止されました。砂利の採取が禁止されたのはある問題がおきるからでした。どのような問題がおきるか、説明しなさい。　　　　　　　　　　　　　　　　　　(2021年　田園調布学園)

問5　春夏の甲子園大会で優勝する学校には地域的な偏りがあります。優勝回数が少ないのは北海道地方、東北地方、北陸地方で、さまざまな要因があると考えられます。優勝回数が少ない理由について、地理的な視点であなたの考えを述べなさい。　　　　　　　　　　　　(2023年　跡見学園)

**問1** 解答例

㉿ 細かい地形の変化が分かりやすい。

㉿ 高低差や起伏が分かりやすい。


**問2** 解答例

㉿ 高いところから短い距離を一気に流れるから。

㉿ 河川の流れが曲がっているから（河川の流れがまっすぐではないから）。


**問3** 解答例

㉿ 家庭などで飲まれる水に使われた。

㉿ 河川の流量を調節することで水害対策に利用される。


**問4** 解答例

㉿ 周囲にある堤防が破壊されるおそれがある問題。

㉿ 河底が低くなり農業用水などが手に入りにくくなる問題。

㉿ 地形の変化により漁業の生態系が変化するおそれがあること。


**問5** 解答例

㉿ 北海道地方、東北地方、北陸地方は冬に雪が多く降るため、十分な練習をすることが難しいから。

㉿ 北海道地方、東北地方、北陸地方は冬の気温が低く、外で体を動かしにくい環境だから。

問6　日本ではこれまで多くの水害を経験してきたが、これは国土全体で降水量が多いことが理由の1つとなっている。しかし降水量が多いことは同時に、人々に恩恵をもたらす場合もある。日本において、降水量が多いことによる恩恵を受けている産業を1つ挙げ、どのように恩恵を受けているかを説明しなさい。
　　　　　　　　　　　　　　　　　　　　　　　（2023年　岩田中学校）

問7　地図中にあるJR山陰本線の玉江駅から東萩駅の間では、市の中心市街地を通らずに南側へ大きく迂回した形で鉄道が整備されています。そのことは、結果として中心市街地の観光地としての価値を守ることにつながりました。鉄道を迂回させることが、なぜ観光地としての価値を守ることにつながったのか、その理由を考えて答えなさい。

　　　　　　　　　　　　　　　　　　　　　　　（2022年　大妻中　改）

問8　「おいしい海産物は山がつくる」、「森は海の恋人」などといわれることがあります。これらのことばはどのようなことを示しているのかを具体的に説明しなさい。なお、「栄養分」の語を必ず用いて述べなさい。
　　　　　　　　　　　　　　　　　　　　　　　（2022年　光塩女子学院）

01 地理地形
02 地理産業
03 歴史分野
04 公民分野
05 国際社会
06 SDGs問題
07 AL問題

問6 解答例

[例] お米は大量の水がないと育てられないが、日本は雨が多く降るためお米をたくさん作ることができる。

[例] 降水量が多いことで森林が生い茂り、林業に必要な木材が手に入りやすい。

[例] 多くの雨水をダムに蓄えて水力発電に利用することができる。

[例] 豊富な水を利用して製紙・パルプ業が行われる。

問7 解答例

[例] 歴史的建造物の中に近代的な鉄道が入ることで景観が壊されるのを防いだから。

[例] 町の中心に鉄道を通すと、開発が進められ歴史的景観を失うおそれがあったから。

問8 解答例

[例] 森林が多い山では、落ち葉が分解されて土の栄養分となる。その土が雨や雪どけなどにより川にとけ出し、さらに海に流れこんで、そこに住む魚や貝の成長をうながす。

[例] 森林は「緑のダム」と呼ばれ、地中に水分を蓄える。その水分が地中の栄養分と混ざって河川を流れ、海に流れこむことで、魚や貝のえさとなるプランクトンを発生させるから。

問9　街路樹は、幹線道路沿いや【資料1】【資料2】のように、住宅街に植えられていることがあります。その役割は、大気汚染や騒音といった公害の防止、または二酸化炭素の吸収などです。

　　これ以外に考えられる街路樹の役割を、【資料1】【資料2】を参考にして答えなさい。

【資料1】

【資料2】

(2022年　鷗友学園女子　改)

問10　火山活動の恩恵として考えられるものを説明しなさい。

(2021年　埼玉栄)

問11　火山との共存についてあなたが理解を深めるべきだと思うことを述べなさい。　　　　　　　　　　(2023年　田園調布学園　改)

問12　富士山は2013年に世界遺産に登録されました。世界遺産に登録された2013年には年間約30万人の登山者が富士山を訪れており、環境省が統計を取り始めた2005年と比較すると約10万人増加しています。登山者が増加することにより、どのような問題が起きているでしょうか。考えられることを簡単に説明しなさい。　　　　　　(2023年　雲雀丘学園中学校)

問13　入り江に富んだ地形の海岸には、古くから港がつくられました。その理由をあげなさい。　　　　　　　　　　(2022年　田園調布学園)

01 地理地形
02 地理産業
03 歴史分野
04 公民分野
05 国際社会
06 SDGs問題
07 AL問題

問9 解答例

例 距離感が分かり、交通事故を防ぐことができること。

例 自然があることで、人々にいやしを与えることができること。

例 生き物が集まることで、人々に安らぎを与えることができること。

例 季節による変化が味わいやすいこと。

問10 解答例

例 温泉を利用して観光客を集めることができる。

例 地熱発電に利用できる。

問11 解答例

例 火山による噴火で人々を苦しめるおそれがあるので、火山に関するハザード
マップを通して、被害に遭わないようにする。

例 火山による温泉の恵みが得られることを理解し、災害だけでなく私たちの生
活を豊かにすることを忘れないようにする。

問12 解答例

例 登山客によるゴミがあふれ、富士山が汚れること。

例 経験の浅い人が登山することで、遭難などの被害が起きること。

例 登山客による交通渋滞が起こり、住民の生活がおびやかされたり排気ガスが
増えることで、地球温暖化などの問題が起こること。

問13 解答例

例 海岸が入り組んでいて、海底が深いところにあるから。

例 周囲が高い山に囲まれているため、強い風が入りにくく、波が穏やかだから。

問 14　日本政府の資金でアイヌ民族の資料館を建設する意義を答えなさい。

（2021 年　森村学園）

問 15　北海道を「北加伊道(北カイ道)」と改名すべきという人もいます。「北海道」を「北加伊道（北カイ道）」と改名することにはどのような意味があると考えられますか。説明しなさい。

※北加伊道はアイヌ語で「北の大地に住む人たちの国」の意。

（2021 年　森村学園）

問 16　国土交通省によると、日本は、世界の平均降水量の 1.6 倍程度の降水量がありますが、日本の国民 1 人あたりの水資源量は世界平均の半分以下となっています。降水量が多いにも関わらず、水資源を少ない量しか利用できていない理由を、日本の地形の特徴を示したうえで簡単に説明しなさい。

（2022 年　青山学院横浜英和）

問 17　浦島太郎の伝説のような話は日本各地に残されています。それはなぜですか。地形の特徴にふれながら、あなたの考えを述べなさい。

（2022 年　田園調布学園）

問 18　日本の災害は、時代によって被害の大きさに違いがあった。例えば、干害は古代では大きな災害であったが、ため池やダムなどのかんがい施設が充実したことで、現代に近づくほど被害が小さくなった。

　　雪害についてみると、江戸時代まで、大雪は災害につながるという考えがほとんどなかったといわれている。なぜなら、冬に雪が降るのは毎年のことであるため、冬の間に必要なモノを蓄え、移動や作業を春に先延ばしにすればよいと考えていたからである。しかし、現代に近づくほど雪害が災害として大きな問題になっていった。どうして、大きな問題になっていったか、具体例をあげて説明しなさい。

（2022 年　海陽中等教育）

01 地理地形
02 地理産業
03 歴史分野
04 公民分野
05 国際社会
06 SDGs 問題
07 AL 問題

問 14 解答例

[例] 縄文人の文化を強く引き継いでいるアイヌ文化を残すことは縄文時代の研究にも意味があるから。

[例] アイヌ民族が先住民族であることを示し、政府を通してアイヌ文化を伝えようとする姿勢を示すことになるから。

問 15 解答例

[例] もともと北海道に住んでいた人々の文化を少しでも名前に取り入れることで、彼らの文化を残すことができる。

[例] アイヌ語の表記にすることでアイヌ民族へ関心を持つ人が増えアイヌ文化を残すことができる。

問 16 解答例

[例] 日本列島は細長い地形のため、雨水が海にすぐ流れてしまうから。

[例] 日本の河川は短く流れが早いため、雨水が海にすぐに流れてしまうから。

問 17 解答例

[例] 日本は古くから自然の恵みを活かして生活してきたため、自然との関わりが深く、その中で様々なエピソードが生まれてきたと思われるから。

[例] 日本の人々は自然とともに暮らしてきたことで、自然の恐ろしい一面も知っている。そのため、災害による被害を受けないために言い伝えを残してきたと考えられるから。

問 18 解答例

[例] 鉄道網や道路網が整備され、冬でも鉄道や自動車で貨物を輸送して人々の生活を支えるようになったため、雪によって線路や道路が使用できなくなると、貨物輸送が途絶えて生活に支障が出るようになったから。

[例] 現代の人々は様々な仕事をするようになり、自分たちで自給自足することがなくなった。また、多くの仕事は会社まで通勤する必要があるが、大雪が降ると鉄道などの公共交通機関が機能しなくなり、仕事に行けなくなる上に流通が止まるため、経済活動に大きく影響を及ぼすから。

問19　1995年の阪神・淡路大震災について、この地震のマグニチュード（地震の規模）は7.3であり近年では2016年におこった熊本地震と同じ程度です。熊本地震の被害額が約4.6兆円といわれている一方で、この地震の被害額は約10兆円にのぼるといわれています。なぜこの地震が熊本地震と比べて大きな被害を出したのでしょうか。資料Ⅰと資料Ⅱを見て理由を応えなさい。

資料Ⅰ　神戸市（1995年）と熊本市（2015年）の人口と人口密度

| 神戸市 | 人口（人） | 人口密度（人／km²） |
|---|---|---|
| 東灘区 | 157,599 | 5,189 |
| 灘区 | 97,473 | 3,104 |
| 中央区 | 103,711 | 3,644 |
| 兵庫区 | 98,856 | 6,790 |
| 北区 | 230,473 | 953 |
| 須磨区 | 176,507 | 5,884 |
| 長田区 | 96,807 | 8,447 |
| 垂水区 | 240,203 | 8,953 |
| 西区 | 222,163 | 1,610 |
| 合計 | 1,423,792 | 2,575 |

| 熊本市 | 人口（人） | 人口密度（人／km²） |
|---|---|---|
| 中央区 | 186,300 | 7,320 |
| 東　区 | 190,451 | 37,957 |
| 西　区 | 93,171 | 1,043 |
| 南　区 | 127,769 | 1,161 |
| 北　区 | 143,131 | 1,241 |
| 合計 | 740,822 | 1,898 |

※　あみかけの3つの区は特に大きな被害が出た地域です。

資料Ⅱ　2つの災害における住宅の被害の比較

| | 神戸の災害（1995年） | 熊本地震（2016年） |
|---|---|---|
| 住宅の被害額 | 約6兆円 | 約1.6～3.1兆円 |
| 被害を受けた住宅の数（棟） | 約52万棟 | 約16万棟 |

内閣府資料より作成

（2023年　大妻多摩中　改）

問20　右の絵は宮城県が作成した中学生に向けた防災に対するワークシートの一部を抜粋したものです。絵の中の①～⑤の人を見て、地震発生後の避難場所や対応として最も正しいと思うものを選び、その理由を説明しなさい。

（2023年　埼玉栄　改）

01 地理地形
02 地理産業
03 歴史分野
04 公民分野
05 国際社会
06 SDGs問題
07 AL問題

問19 ▶ 解答例

例 熊本市と比べると、神戸市の方が人口密度が高く、多くの人が一部地域に集中しているため住宅が多く、多くの被害を受けたから。

例 熊本市と比べると、神戸市の方が人口あたりの住宅地が多く、住宅地の倒壊が多いことによる被害が多かったと考えられるから。

問20 ▶ 解答例

例 ③（道の真ん中にいて、コンクリートなどが体に当たる可能性が低いから。）

例 ④（バッグで頭をかばいながら、壁から離れるように走っているから。）

例 ⑤（公園の真ん中ら走って逃げてくる人や物に当たる可能性が低いから。）

　　（　　）は理由

問21 世界各地で自然災害によって、多くの被害が出ています。次の図は、これまでの世界で起きた自然災害によって亡くなった人の数と、被災した人の数と発生件数と被害額の推移を示したものです。これを見ると、自然災害によって亡くなった人は減る傾向にありますが、被災した人の数は増加の傾向にあることがわかります。

なぜ亡くなった人は減り、被災した人の数が増加しているのか、下の発展途上国の住宅地や住宅に関する資料を参考にしながら説明しなさい。

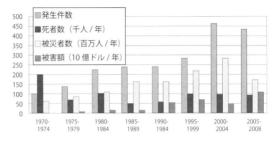

（内閣府ホームページ https://www.bousai.go.jp/kokusai/kyoryoku/world.html より引用）

資料

> 発展途上国のある国では、都市を中心に住宅が不足しました。そのため、これまで住宅がなかった地域にも家を建て、そこに暮らす人々が増えてきました。また、住宅の材料も変化しました。かつては木やトタンといったものでできた、簡素な住宅で暮らしている人がほとんどだったのですが、現在ではそのような家に暮らす人は昔ほど多くはありません。

（2023年　中央大学附属横浜　改）

問22 洪水や地震などの災害から自分たちの命やくらしを守るために、どんな備えをすることが必要だと思いますか。自分の考えを自由に述べなさい。

（2021年　佼成学園女子）

問23 在宅避難が今注目されるのはなぜでしょうか。

＊在宅避難…災害時において自宅に危険性がない場合に、そのまま自宅で生活を送る方法。　　　　　　　　　　　　　（2022年　和洋国府台　改）

問24 まなぶさんの家族は、災害時の避難先とそこまでの経路を話しあって決めました。避難経路を決めるときには、どのような点に注意するとよいでしょうか。地震のときと大雨のとき、それぞれについて述べなさい。

（2023年　土浦日本大学中）

01 地理地形
02 地理産業
03 歴史分野
04 公民分野
05 国際社会
06 SDGs問題
07 AL問題

問 21 ▶ 解答例

㉑ 住宅地が密集するようになったことが原因で災害が起こると多くの人が被災する可能性が高くなったが、建物が頑丈になったため、大きな被害を受けずに済んだから。

㉑ 都市に人々が密集して生活するようになったことで、被害者数などの実態が明らかになりやすくなったことで件数が増えた一方、建物がじょうぶになり、人々の救助がしやすくなったことで、死者数を減らすことができたから。

問 22 ▶ 解答例

㉒ 家族で災害があったときのことを話し合っておく。

㉒ 災害が発生しても大丈夫なように日頃から備蓄品を確認しておく。

問 23 ▶ 解答例

㉓ 感染症による感染拡大という二次被害を防ぐことが期待できるから。

㉓ 住み慣れたところに避難することで、避難所にいることによる精神的ストレスを受けずにすむから。

問 24 ▶ 解答例

【地震】

㉔ 津波が発生するおそれがあるので、海から離れる経路を考える。

㉔ 建物などが倒れてくるおそれがあるので、広い道を通る経路を考える。

【大雨】

㉔ 河川の氾らんのおそれがあるので、川から離れる経路を考える。

㉔ 雨水で足下が見えなくおそれがあるので、みぞやマンホールに気をつけた経路を考える。

問25　1995 年に発生した阪神・淡路大震災の経験から、日本では「減災」とよばれる、大きな災害が起こることを前提として、いかにその被害を最小限に抑えるかの取り組みが行われてきました。日頃から備蓄食料や応急処置のセットを準備しておくことも、減災の取り組みの一例です。何か 1 つ災害を想定し、あなたが実践できる「減災」の取り組みを考え、説明しなさい。ただし、例としてあげた備蓄食料や応急処置のセットの準備は除くこととします。
　　　　　　　　　　　　　　　　　　（2023 年　日本工業大学駒場・西南女学院）

問26　2019 年から自然災害伝承碑が電子地形図の地図記号に掲載されるようになりました。その目的を説明しなさい。　　　　（2021 年　清泉女学院）

問27　都心で多くの帰宅難民を生んだ東日本大震災以降、東京都内の私立小学校・中学校・高校は、震災発生時に、その学校だけでなく他の私立学校の生徒の避難も一時的に受け入れる約束を結びました。この約束を結んだ理由を答えなさい。　　　　　　　　　　　（2021 年　慶應義塾中等部）

問28　近年、台風などによる災害が多発しています。その関係から被災した場所への支援として、「プッシュ型支援」という方法がありますが、これは被災した自治体からの要請を待たずに、被災地に物資などを輸送する支援方法です。この方法のメリットとデメリットをそれぞれ説明しなさい。
　　　　　　　　　　　　　　　　　　　　　　　　（2021 年　大宮開成）

01 地理地形
02 地理産業
03 歴史分野
04 公民分野
05 国際社会
06 SDGs問題
07 AL問題

## 問 25 ▶ 解答例

- 例 地震による倒壊を防ぐために、本棚などを壁に固定しておく。
- 例 大雨による浸水の被害を防ぐために、貴重品などは家の高いところにしまっておく。
- 例 台風に備えて、庭に生えている老木を伐採して倒木による被害を抑える。

## 問 26 ▶ 解答例

- 例 過去にあった災害について学ぶ機会を持ち、災害への意識を高めることができるから。
- 例 忘れられてしまうおそれのある災害に関心を持たせることで、災害への意識を持ち続けるため。

## 問 27 ▶ 解答例

- 例 私立学校の生徒は公共交通機関を利用して通学するケースが多く、災害が発生すると帰宅難民になりやすいから。
- 例 帰宅難民になっても、学校同士で連携し合って避難状況を伝え合うことができるから。

## 問 28 ▶ 解答例

【メリット】
- 例 支援物資をいち早く送ることができるため物資の不足が起きにくくなる。
- 例 生活必需品をいち早く送ることができることで生活面での不安を解消できる可能性が高い。

【デメリット】
- 例 支援物資が必要以上に集まることで、物資が余ってしまうおそれがある。
- 例 被災地の状況を理解せずに送られるため、必要なものが届かないおそれがある。

問29　1995年の阪神・淡路大震災は多くのボランティア活動を始めたため「ボランティア元年」とよばれるきっかけとなりました。2011年に東日本大震災が起こった時はボランティアの制度が少しずつ整備されてきたところでした。そのため多くの人や組織がボランティア活動に参加しようとしましたが、阪神・淡路大震災に比べてボランティア活動が進みにくい状況がありました。それはなぜだと思いますか。【資料】と被災地であった主な府県の地図をもとに考えて答えなさい。なお、地震や津波によって生じた原子力発電所の事故によるもの以外の内容をあげてください。

【資料】

|  | 阪神・淡路大震災 | 東日本大震災 |
|---|---|---|
| 全壊の住宅被害 | 104,906 | 102,903 |
| 災害救助法適用（注） | 25 市町村 | 241 市区町村 |

(注)：災害救助法とは、災害直後の応急的な生活の救済などを定めた法律である。

※　縮尺は一致しません

(2021年　大妻多摩中　改)

問30　事前復興という言葉があります。事前復興とは「大規模な災害が起こる前に、発生し得る事態を想定し、発災後の応急対応や復旧・復興に必要な体制をあらかじめ整備・構築しておくこと。」という意味です。事前復興の利点と問題点を、理由を含めて答えなさい。

(2021年　神戸大学附属中等教育学校　改)

問31　2019年のラグビーワールドカップは、岩手県釜石市でも試合が行われ、震災被害の復興をしめしました。しかし、福島県では、いまだに復興ができていないところもあります。とくに福島県の沿岸部で復興が遅れてしまっているのはなぜですか。説明しなさい。　(2021年　湘南学園中学校)

01 地理地形
02 地理産業
03 歴史分野
04 公民分野
05 国際社会
06 SDGs問題
07 AL問題

問 29 ▶ 解答例

例 東日本大震災では災害救助法が適用された市区町村が多いため、どこにどれだけのボランティアをおけばよいかが難しかったから。

例 東日本大震災の被災地は面積の広い岩手県や福島県もあり、広く支援することが難しかったから。

問 30 ▶ 解答例

【利点】

例 あらかじめ備えておくことで、災害が発生した時の被害を抑えることが期待できる。

例 災害に関してある程度の安心が得られるため、住民の精神的不安を減らすことができる。

【問題点】

例 事前復興のために多くの費用がかかるおそれがある。

例 事前復興のために住む場所を変える可能性もあり、住民からの理解が得られないおそれがある。

問 31 ▶ 解答例

例 福島第一原子力発電所の事故による対応の負担が大きいから。

例 震災への風化が進んでしまい、ボランティアなどの支援も減ってしまったから。

問32　河川は洪水以外の災害も引き起こすことがあります。近年は各地で集中豪雨による土石流の発生が増えており、土石流による被害を軽減するための砂防ダムが注目されています。次の［資料］は、どちらも砂防ダムの写真です。従来はⅠのような構造のダムが多くみられましたが、下流の地域への影響を考えて、近年はⅡのような構造のダムが増加しています。Ⅱのような構造にすることで、どのような効果が期待できますか。ダムの構造の特徴にもふれて文章で説明しなさい。

Ⅰ　　　　　　　　　　　　　Ⅱ

（2022 年　洗足学園）

問33　大きな災害が起こると、ボランティアの人々が被災地に入り、市町村などと協力して支援活動を行う姿がよく見られます。あなたが、「令和 2 年 7 月豪雨」の災害ボランティアに参加したとして、どのような活動をしますか。文章で答えなさい。　　　　　　　　　　　（2021 年　賢明女子学院）

問34　ケンさんは自然災害に備えて防災リュック（非常用持ち出し袋）を用意することにしました。ケンさんは次の物を防災リュックに入れましたが、これに追加するとしたらあなたは何を入れますか。追加する物を 1 つあげ、それを入れた理由を説明しなさい。

ケンさんが防災リュックに入れた物
・飲み水 ・非常食 ・懐中電灯・衣料品（着替えやタオル）・貴重品（お金や通帳など）

（2022 年　賢明女子学院・2023 年　土浦日本大学中）

01 地理地形　02 地理産業　03 歴史分野　04 公民分野　05 国際社会　06 SDGs問題　07 AL問題

問 32 ▶ 解答例

例 Ⅰは土砂まで止めてしまうため、下流で農作業をする人たちへの作業にまで影響を及ぼすおそれがある。一方、Ⅱは土砂が雨水とともに流れるため、下流で農業をする人々の生活に大きな影響を及ぼさないですむという利点がある。

例 Ⅰは流木だけでなく土砂も通すのを防ぐことで土砂が堆積し、堤防としての機能が失われるおそれがある。一方、Ⅱは下流に流れると被害を生むおそれのある流木だけを止め、土砂などを流して堤防の機能を維持できる利点がある。

問 33 ▶ 解答例

例 泥で汚れた家具を運び出すのを手伝う。

例 家屋に流れ込んだ泥を流し、洗浄することで細菌が発生するのを防ぐ。

例 道路に流れた土砂を道の外に流して、救援物資を運びやすくする。

問 34 ▶ 解答例

例1　薬（避難所でもらえない可能性が高いから）

例2　ラジオ（情報を知るのに役立つから）

例3　携帯電話の充電器（携帯電話が使用できなくなると困るから）

　　（　　）は理由

# 02 地理産業

01 地理地形
02 地理産業
03 歴史分野
04 公民分野
05 国際社会
06 SDGs問題
07 AL問題

問1　次のグラフは秋田県の農業人口の変化を示したもので、現在の日本の農業が抱える問題と同じ問題を抱えていることが読み取れます。グラフから読み取れる秋田県の農業の問題とは何か、考えて説明しなさい。

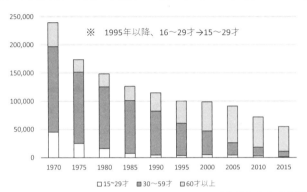

（農林水産省「農業センサス」より作成）

（2022年　雙葉中・香蘭女学校）

問2　日本の畜産農家が抱えている問題を答えなさい。　　（2021年　跡見学園）

問3　2011年に日本政府は「和食　日本人の伝統的な食文化」をユネスコ無形文化遺産に推薦し、その後登録されました。政府はどのような効果をねらっていたのでしょうか。国内向けのねらいと海外向けのねらいを、それぞれ答えなさい。　　（2021年　麻布中）

問4　食料自給率の割合をあげるためにあなたができることは何ですか。答えなさい。　　（2021年　札幌光星中学校）

問5　地域で作る農作物が1種類のみではなく、複数の種類の品種を作ることは、世界農業遺産の認定基準の一つでもあります。なぜ1種類だけでなく複数の種類の品種を育てることが評価されるのですか。1種類のみ育てることの問題点を指摘しなさい。　　（2023年　森村学園）

問１ 解答例

[例] 農業従事者が減少しているため、これまでのような収穫量を維持することが難しい。

[例] 若い人の農業への参入が見られないため、将来的に農業従事者がいなくなるおそれがある。

問２ 解答例

[例] 高齢化が進み、跡継ぎがいない。

[例] 飼料価格が高騰し、採算が取りづらくなっている。

問３ 解答例

【国内向け】

[例] 和食への関心を高めることで、国産の食品を食べる機会を増やして食料自給率を上げること。

[例] 和食を通して日本の生活に関心を持ち、日本の文化が廃れないようにすること。

【海外向け】

[例] 和食の魅力を伝えることで、訪日外国人の増加をねらうこと。

[例] 和食で使われている食材に関心を持ち、日本からの食料品の輸出量を増やすこと。

問４ 解答例

[例] 国内で獲れたばかりの旬の食材を積極的に食べる。

[例] 地元の人が作った農作物を積極的に食べる。

問５ 解答例

[例] 伝染病の広がりや気候変動により特定の作物に被害が出ると、その地域で売ることのできる作物の出荷量が大きく減少するおそれがあるから。

[例] １種類のみ育てることで土地の養分がやせ細る連作障害が起こり、持続的に質のいい農作物を育てることが難しくなるおそれがあるから。

問6　家畜のことを「肉をつくる機械」って呼ぶことがありますが、「肉をつくる機械」とはどういう意味ですか。なぜ機械と表現されているのかを考えて説明しなさい。
(2023年　森村学園)

問7　【資料1】は、宮城県と岩手県の米の生産量（2019年）と農業産出額（2019年）を示しています。【資料2】は、宮城県岩手県の農業産出額の割合（2019年）を示しています。

【資料1】宮城県と岩手県の米の生産量（2019年）と農業産出額（2019年）

|  | 米の生産量（トン） | 農業産出額（億円） |
|---|---|---|
| 宮城県 | 376900 | 1932 |
| 岩手県 | 279800 | 2676 |

(農林水産省「令和元年度農業所得統計」)

【資料2】宮城県と岩手県の農業産出額の割合（2019年）

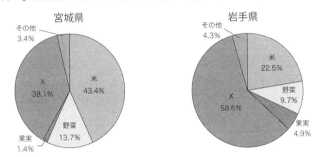

(農林水産省「令和元年度農業所得統計」をもとに作成)

【資料1】を見ると宮城県は岩手県より米の生産量が多いことが読み取れます。しかし、宮城県の方が米の生産量が多いのに、農業産出額は岩手県の方が多くなっています。

　岩手県の方が宮城県より農業産出額が多くなる理由を、以下の〔条件〕に従って説明しなさい。

〔条件1〕【資料2】中のXが何かを答えること。
〔条件2〕【資料2】から読み取れることを1つ挙げること。

(2022年　鷗友学園女子)

問8　家庭で発生する「食品ロス」はどのようなものですか。考えて答えなさい。
(2021年　桐蔭学園　改)

01 地理地形
02 地理産業
03 歴史分野
04 公民分野
05 国際社会
06 SDGs問題
07 AL問題

問6 　解答例

㉑ 肉になるためのものと考え、生き物として扱われないこと。

㉑ 生き物として扱うと感情的になるため、機械として考えようとすること。

㉑ 成長を楽しむというよりも、加工して肉になる物としか考えていないこと。

問7 　解答例

㉑ Xは畜産である。資料2から岩手県の方が畜産の割合が高いことがわかる。
畜産は農業産出額が多いので全体の農業産出額も多くなるから。

㉑ Xは畜産である。資料2から宮城県は岩手県より米の生産割合が高い一方で
畜産の割合が低いことがわかる。米は他の農作物に比べて産出額が低いため、
畜産の割合の高い岩手県の方が農業産出額が高くなるから。

問8 　解答例

㉑ 消費期限が切れるまで食べなかった食品を廃棄するといったもの。

㉑ 野菜などを大きく切ってしまい、食べられる部分をゴミとして廃棄するといっ
たもの。

問9　次の食品廃棄に関するグラフを参考にして、あなたはフードロスを減らすためにはどのようなことを行ったら良いと考えますか。最も効果があると考える方法とその理由を説明しなさい。

（豊洲市場ホームページより）　（2023 年　不二聖心女子学院　改）

問10　優れた京都の農林水産物の中でも、特に品質を厳選されたものは「京のブランド産品」として認定されて、下のマークを貼って売り出すことが認められています。このような取り組みを行う利点について、以下の語句を用いて説明しなさい。

　　［指定語句］　信頼

出典：京都府 HP「ブランド京野菜（京のブランド産品）
https://www.pref.kyoto.jp/brand/brand_yasai.html

（2022 年　江戸川学園取手）

問11　下の表を読み取り、伝統的な食文化を将来へ伝え続けるためにはどうしたらよいでしょうか。

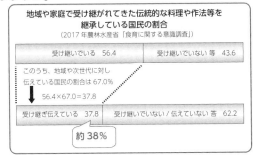

https://www.maff.go.jp/j/keikaku/syokubunka/wasyoku_unesco5/unesco5.html
（2023 年　西武学園文理）

[問9] 解答例

[例] 消費期限前の商品の値下げをして売れ残りを減らすことで事業系廃棄物由来の食品ロスを減らす。

[例] 買い物の前に冷蔵庫の中を確認して余計な物を買わないように家庭系廃棄物由来の食品ロスを減らす。

[問10] 解答例

[例] 京都府のような影響力のある自治体が認証することで、農作物の質に信頼を生むことができる。

[例] その農作物に信頼が生まれ、消費者は安心して購入することができる。

[問11] 解答例

[例] 学校の家庭科の授業で郷土料理に関する調理実習を行い、郷土料理への理解を深める。

[例] 学校の地理の授業で郷土料理の素材が自分たちの暮らす地域の気候や風土と大きく関係することを知ることで興味を持たせる。

[例] 祖父母から郷土料理を教わり、また料理する様子を動画に残すことでいつでも覚えられる機会を作る。

問12　大型スーパーやコンビニのプライベートブランド商品として、袋入りの便利なカット野菜が増えてきたのはなぜですか。購入する消費者にとっての理由と、スーパーやコンビニと契約する農家にとっての理由を、それぞれ答えなさい。
（2021年　麻布中）

問13　私たちの生活は、世界のさまざまな国や地域と強く結ばれています。食卓に並ぶ食べものは、多くの国や地域から運ばれています。図1は、東京都中央卸売市場における「かぼちゃ」の産地別取扱量の上位8位（2019年）までの国や地域（都道府県）について、その取扱量を月ごとに示したものです。

東京中央卸売市場における「かぼちゃ」の取扱量は、ニュージーランドやメキシコのように、現在は日本以外の産地も上位を占めています。東京中央卸売市場において、「かぼちゃ」を海外から仕入れることの利点を、図1および図2からわかることをもとに、説明しなさい。

図1　東京都中央卸売市場における「かぼちゃ」の主な産地別取扱量（2019年）

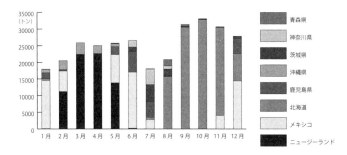

※産地ごとの取扱量のもっとも多い月とその平均金額（1kgあたり円）
ニュージーランド産：130円／4月　メキシコ産：139円／6月　北海道産：139円／10月

図2

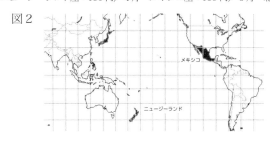

（2022年　駒場東邦）

問 12  解答例

【消費者】

㉠ 仕事が理由で料理を作るための時間が十分に取れないため、初めからカットしてあると時間をかけずに料理ができるから。

㉠ 子どもと料理をするときに刃物を持たせないですむこと。

【農家】

㉠ 形の悪い野菜もカットすることで利用することができること。

㉠ カットすることで量を調整できるので余らず野菜を買ってもらうことができる。

問 13  解答例

㉠ 日本でかぼちゃの収穫量が少なくなる夏に季節が反対の南半球の国からかぼちゃを輸入することで、安定してかぼちゃが供給できるから。

㉠ 日本は北海道でかぼちゃを大量に作っているため、かぼちゃが供給できない時期があるが、その時期に外国から輸入することで、一年中安定してかぼちゃが供給できるから。

問14　「地産地消」と言う言葉があります。地球温暖化を防止するために注目されている考え方です。「地産地消」がなぜ地球温暖化防止に役立つのですか。

（2023年　須磨学園夙川）

問15　コウノトリを自然に帰すために、さまざまな取り組みが行われています。このうち、農家の人が米を作るときに工夫していることは何ですか。

（2021年　賢明女子学院）

問16　食料品を買うとき、「賞味期限はおいしいめやす」。

冷蔵食品を買うとき、お店の陳列棚の奥の商品から取らずに前列の商品から取る「てまえどり」。

家庭では食料品の保存について、「冷蔵庫の整理をしましょう」。

などが唱えられ推奨されています。このうち1つを選び、提案内容がどのように無駄をなくすことに役立つのかを答えなさい。

（2023年　須磨学園夙川・東京学芸大学附属小金井）

問17　日本の食料自給率を高めるために考えられていることをふたばさんが調べてみたところ、その一つに「海外に向けて農産物の輸出を拡大する」という取り組みがありました。この取り組みについて、食料自給率を高めることにつながると考えられる一方、うまくいかない場合もあるのではないかと、ふたばさんは考えました。下の図は、ふたばさんが考えたことをカードにまとめたものです。Aのカードにあてはまる文章を考えて、自分の言葉で答えなさい。

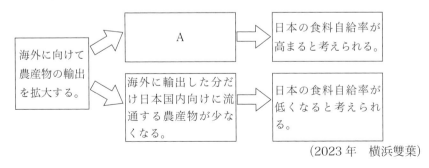

（2023年　横浜雙葉）

[問14] 解答例

[例] 農作物の輸送距離を減らし、二酸化炭素の排出量を抑えることができるから。

[例] 新鮮な野菜を食べる機会が増えることで食品ロスが減り、燃やして廃棄する際に出る二酸化炭素を抑えることができるから。

[問15] 解答例

[例] 農薬を減らすことで、コウノトリが田んぼで安心して生活できるようにする。

[例] 米を作らないときも田に水を張り、コウノトリのエサとなる虫がいる環境を作る。

[問16] 解答例

[例] 賞味期限がおいしいめやすと認識することで賞味期限が切れても捨てずに消費しようと考えるようになる。

[例] 賞味期限と消費期限を正しく区別することで、消費期限が近いものから優先して購入することで、賞味期限ロスを抑えることができる。

[例] てまえどりを通して消費期限の近い商品から積極的に購入し、売れ残りによる食品ロスを抑えることができる。

[例] てまえどりを通して消費期限の近いものを積極的に購入することで、必要以上に商品を買う意識を持たずに済む。

[例] 冷蔵庫の中を整理することで、中に入っている食品を効率良く冷やして電力消費を抑えることができる。

[例] 冷蔵庫の中を整理することで買わなくていい物が分かり、食品ロスを抑えることができる。

[問17] 解答例

[例] 農業で利益を上げられると考える人が農家になることで農作物の生産量が増える。

[例] 国産の農作物の人気の高さに気付いた人々が国産の農作物を買おうとする。

01地理地形 02地理産業 03歴史分野 04公民分野 05国際社会 06SDGs問題 07ＡＬ問題

問18　次の写真［１］、［２］は東京で行われている新しい技術を使った野菜栽培の様子です。このような野菜栽培が行われることについて、どのような利点が考えられますか、答えなさい。

［写真1］ 　　　　　　　　［写真2］

（農林水産省HPより）

（2022年　桜美林中）

問19　鰹は巻き網漁で漁獲されることが多いですが、一本釣り漁で漁獲されることがあります。一本釣り漁は、巻き網漁などと比較して乱獲を防ぐなど海洋資源に優しいメリットがあります。その他に一本釣り漁にはどのようなメリットがありますか、答えなさい。

（2023年　渋谷教育学園幕張）

問20　次のグラフは、日本の2005年から2020年までのサンマの水揚げ量の推移を示したものです。グラフを見ると、サンマの水揚げ量は2020年にかけて減少傾向にあることがわかります。この原因として考えられることを、環境問題との関係に着目しつつ簡潔に説明しなさい。　（2022年　大宮開成）

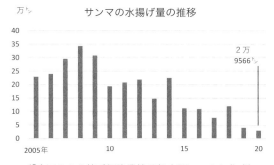

（「全国さんま棒受網漁業協同組合調べ」より作成）

問18 解答例

㉂ 人工的な施設で生産するため、生産量や質を均一に保つことができる。

㉂ 清潔な環境で野菜を育てることができる。

㉂ 土を使わないので、虫がつかず、農作物が虫に食われる心配がない。

㉂ 人工的な施設で機械を利用して生産できるため、負担を減らすことができる。

問19 解答例

㉂ 一匹ずつ釣り上げるため、巻き網に比べて鰹の身を甲板で傷めないですむこと。

㉂ 一匹ずつ釣り上げるため、巻き網に比べて一匹ずつ素早くまっすぐな形で鮮度が高いまま冷凍できる。

問20 解答例

㉂ 地球温暖化により、サンマの生息できる場所が以前より北に移ったため漁業に出るのが難しくなったから。

㉂ マイクロプラスチックゴミなどの海洋汚染が進んだことで、サンマの生態系にも悪影響を及ぼしたと考えられるから。

問21　日本のカツオ漁が直面している問題点を考え、述べなさい。

（2021 年　清泉女学院）

問22　一部の魚類について漁獲量を制限する TAC 制度※を導入することについて、TAC 制度の対象となっているのは、次の 8 つの魚種である。これらの魚種が漁獲量を制限されることになった理由として考えられることを説明しなさい。

　※ TAC 制度は、魚種別に 1 年間の漁獲量を漁獲可能量としてあらかじめ定め、漁業の管理主体である国及び都道府県ごとに割り当て、それぞれの管理主体が、漁業者の報告を基に割当量の範囲内に漁獲量を収めるよう漁業を管理する制度。（水産庁 HP 参考）

| | | | |
|---|---|---|---|
| さんま | すけとうだら | まあじ | まいわし |
| まさば（ごまさば） | するめいか | ずわいがに | くろまぐろ |

（2023 年　中村中　改）

問23　漁業人口を増やすために、あなたならどのような取り組みをしますか。自由に書きなさい。

（2021 年　清泉女学院）

問24　「仲間が少なくて人手が足りないし、歳をとってきてこのあとを継いでくれる若い人もいない。漁業が衰退してしまうのではないかと心配だ」について、この問題に対処するために、次の技術はどのように活用することができるか。次の語群から 1 つ選び、あなたの考えるその活用法について述べなさい。

| |
|---|
| ドローン（小型の飛ぶ機器）　人工知能（AI）　ICT（情報通信技術） |

（2023 年　昭和学院）

01 地理地形

02 地理産業

03 歴史分野

04 公民分野

05 国際社会

06 SDGs問題

07 AL問題

問21 解答例

[例] 漁業従事者の高齢化と減少が進んでいること。

[例] 日本近海でのカツオが減少し、遠い海まで漁に出なければならないこと。

問22 解答例

[例] 漁獲量が多く、国民生活にとって重要な魚種であるから。このままとり続けると魚介類の供給が減少してしまうから。

[例] 世界で魚食が広がり、魚の消費量が増え、乱獲が各地で見られたことで、絶滅のおそれのある魚介類が増えたから。

[例] 地球温暖化などによる水産資源の環境の変化や乱獲によって魚の数が将来的に減少するおそれがあるから。

問23 解答例

[例] 養殖漁業に力を入れ、遠い海に行くことによる負担を減らすようにする。

[例] 安定した価格で取引ができるようにして、漁業関係者の生活を豊かにする。

問24 解答例

[例] ドローンを海中に入れて魚を探すことで、人間の負担を減らす。

[例] ドローンで定置網の巡回を行って、定置網に傷がついていないかを調べることで、人の負担を減らす。

[例] AI を使って魚の種類を瞬時に見分けて自動的に魚の種分けをさせる。

[例] 魚のサイズや形によっていくらになるかを AI に学習させることで、魚の売値を判断させる。

[例] ICT を使って、魚がどこに多くいるかを水温や海流や漁獲量など様々なデータを用いて予測させる。

[例] 誰がいつどこで水産物を獲ったかを ICT でデータ化することで、次に水産物を獲ること、乱獲防止のために獲ってはいけない場所を特定する。

問25　紀伊山地では林業がさかんに行われていますが、森林資源をもとに製紙工業を行う地域もあります。図Ｉのように、日本国内において、近年紙の生産量は減少傾向にあります。2005年から2010年にかけての減少は、世界的な不景気が大きな要因であるといわれていますが、2010年以降の減少には、別の大きな要因があると考えられています。2010年以降に紙の生産量が減少した要因として考えられることは何ですか。図Ⅱから読み取れることをふまえて説明しなさい。

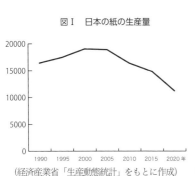

図Ｉ　日本の紙の生産量

（経済産業省「生産動態統計」をもとに作成）

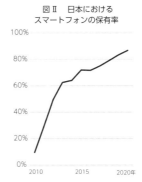

図Ⅱ　日本における
スマートフォンの保有率

（総務省「通信利用動向調査」をもとに作成）

（2022年　大妻中）

問26　次の図はマスク（衛生用）と木材（用材）の日本国内における自給率の推移を示したものです。コロナ禍でマスク不足に苦しんだ日本は、国内生産量を急激に増やす事に成功しました。一方、同じように不足に苦しんだ木材は、その後も生産量がほぼ増えていない事が図からもわかります。これは、マスクと木材では「生産方法」や「製造の過程」に大きな違いがあるからであると推測されます。なぜ木材の自給率は急には増やせなかったのか、林業従事者の不足・高齢化以外の理由を、上記下線部を参考に考えて、説明しなさい。

図

|  | マスク　国内自給率 | 木材（用材部門）国内自給率 |
|---|---|---|
| 2018年 | 約20% | 約32% |
| 2020年 | 約60% | 約36% |

出典：日本衛生材料工業連合会 / 厚生労働省、林野庁より

（2022年　神奈川学園　改）

問25　解答例

[例] スマートフォンの普及率が上がり、これまで紙に印刷していた書類が電子化されるペーパーレス化が進んだから。

[例] スマートフォンの普及率が上がり、これまで新聞を取っていた人がネットニュースで情報を得るようになったため、印刷する機会が以前より減少したから。

問26　解答例

[例] 工場で加工すれば早く出荷できるマスクに対して、木材は植樹から伐採するまでに長い時間が必要だから。

[例] 工場で加工すればすぐに出荷できるマスクに対して、木材は伐採を行っても加工や乾燥をする必要があるため、出荷までに長い時間が必要だから。

問27　アマゾン川流域では、無計画な森林伐採、開発による自然破壊が進んでいます。しかし、適切に森林を伐採して木材を活用することは、森林を育てていくことにつながるため、林野庁は木材利用を増やす「木づかい運動」をすすめています。なぜ適切な森林伐採と木材活用は森林を守り育てることになるのか、わかりやすく説明しなさい。　　　　　　　　　（2022年　開智中）

問28　図は日本の木材輸出先と輸出額の変化を表したものです。図のグラフから読み取れることを1つ挙げ、日本の木材の売り上げがもっと伸びるためにはどのようにしたらよいか。あなたの考えやアイディアを述べなさい。

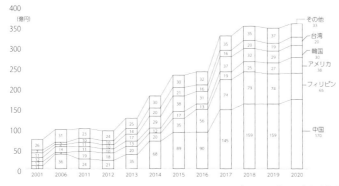

（2021年　聖園女学院　改）

問29　火力発電は安定的に電力を供給できることや発電量の調整がしやすいなどの良い点がありますが、悪い点もあります。考えられる悪い点を答えなさい。　　　　　　　　　　　　　　　　　　　　　　（2021年　盛岡白百合）

問30　「ザスパクサツ群馬」は、チームが誕生した草津町の代名詞である温泉を意味する英語「スパ（spa）」から名づけられています。近年、再生可能エネルギーの一つとして注目されている地熱発電や温泉発電は、太陽光や風力と比べて安定して電力を供給できるといわれていますが、その理由を考えて答えなさい。　　　　　　　　　　　　　　　　（2022年　國學院大學久我山）

問 27 ▶ 解答例
例 森林を伐採し出荷することで安定した収入が得られ、その一部を森林の保護
　に充てることができるから。
例 適切な森林伐採を行えば樹木も成長しやすくなり、自然環境の悪化を防ぐこ
　とができるから。


問 28 ▶ 解答例
例 中国への輸出額が高いため、中国に積極的に輸出を増やすべきである。
例 ここ数年伸びが大きいフィリピンといった途上国に輸出を増やすべきである。


問 29 ▶ 解答例
例 二酸化炭素の排出量が多いため、地球温暖化が進みやすい。
例 日本は発電に使う資源を輸入に頼る必要があるため、輸入が止まると発電で
　きなくなるおそれがある。


問 30 ▶ 解答例
例 太陽光発電や風力発電は気象条件により電力の供給量が変化するが、地熱発
　電は気象による影響を大きく受けないから。
例 日本には多くの火山があり、その熱を利用しやすいから。

問31　静岡県でお茶の栽培がさかんな「牧之原」の南の沿岸部には、風力発電の装置が多く設置されています。同じ自然エネルギーを用いた太陽光発電と比べたとき、風力発電はどのような特ちょうを持っていますか。次の文の【　　　】にふさわしい言葉を、天気や時間の点から考えて答えなさい。

> 風力発電は風がふいていれば発電することができる。太陽光発電ではじゅうぶん発電できない【　　　　　　　　　　　　　　　　　】にも発電することができる。

（2021 年　お茶の水女子大学附属中）

問32　近年、とうもろこしやさとうきびなどの植物からつくられるバイオ燃料の生産量が世界的に増加しています。バイオ燃料の利点と欠点をそれぞれ簡単に説明しなさい。

（2021 年　工学院大学附属中・2023 年　東洋大学附属牛久中）

問33　新エネルギーによる発電を 1 つ選び、その発電が石炭や石油等による火力発電に比べて、すぐれている点を答えなさい。

（2021 年　多摩大学附属聖ヶ丘中学校・東洋大学京北中　改）

問34　再生可能エネルギーの名称を 1 つ答え、その欠点について簡単に説明しなさい。　　　　　　　　　　　　　　　　（2023 年　大妻嵐山）

問35　日本の工業の特徴を表した次の 2 つの表について、ここから言えることを述べなさい。

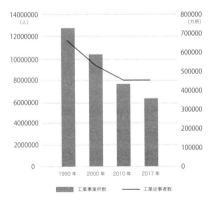

|  | 大工場 | 中小工場 |
|---|---|---|
| 工場の数 | 1.0% | 99.0% |
| 働く人 | 32.1% | 67.9% |
| 出荷額 | 52.5% | 47.5% |

（2021 年　田園調布学園）

01 地理地形
02 地理産業
03 歴史分野
04 公民分野
05 国際社会
06 SDGs 問題
07 AL 問題

問 31 ▶ 解答例
⑩ 雨が降って晴れ間が広がらないとき
⑩ 夜暗くなったとき

問 32 ▶ 解答例
【利点】
⑩ バイオ燃料に使われる農作物による光合成により、二酸化炭素の排出量を抑えることが期待できる。
⑩ 農作物が高値で取引され、農家の生活の向上が期待できる。
【欠点】
⑩ 二酸化炭素の吸収量がバイオ燃料の出す二酸化炭素の排出量を上回るとは限らず、地球温暖化の原因になるおそれがある。
⑩ 農作物の価格が高騰することで、食べものが買えなくなった人が飢えで苦しむおそれがある。

問 33 ▶ 解答例
⑩ 太陽光発電は日が当たる場所であればどこでも発電することができる点。
⑩ 化石燃料は有限であるが、自然エネルギーは半永久的に得られる点。

問 34 ▶ 解答例
⑩ 太陽光発電は天候や時間帯によって発電量が異なり、安定した供給が難しい。
⑩ 風力発電は風車の騒音や鳥などの被害が起こるおそれがある。

問 35 ▶ 解答例
⑩ 大工場の方が中小工場より働く人1人当たりの出荷額が高いと考えられる。
⑩ 工業従事者数の減少割合よりも工業事業所数の減少割合が高いことから、工業従事者数の少ない事業所が閉められている可能性が高い。

問36　古くから団扇の生産地として知られる香川県丸亀地方には、「伊予竹に土佐紙貼りてあわ（阿波）ぐれば讃岐団扇で至極（四国）涼しい」という歌があります。この歌を参考にして、丸亀の団扇づくりが発展した背景を述べなさい。　　　　　　　　　　　　　　　　　（2022年　國學院大學久我山）

問37　太郎さんは、自動車の保有台数と交通事故発生件数の推移を調べました。自動車の保有台数は増加しているのに対して、道路交通事故の発生件数は2000年から2020年の間は減少しています。交通事故を防ぐための自動車の工夫にはどのようなものがあるのか、簡潔に説明しなさい。

|  | 1980年 | 2000年 | 2020年 |
|---|---|---|---|
| 自動車の保有台数　四輪車 | 37083千台 | 70902千台 | 76706千台 |
| 道路交通事故の発生件数 | 476677件 | 931934件 | 309178件 |

（自動車情報登録協会、警察庁HPより作成）

（2023年　皇學館中学校）

問38　自動車産業において、今後はAI（人工知能）が深く関係する自動運転が注目されています。今後の社会を豊かにしていくための自動運転によるメリットとして考えられることを答えなさい。　　　　（2023年　大妻多摩中）

問39　日本は多くの地下資源を輸入に頼っていますが、農産物の輸入も多くなっています。しかし、農産物を輸入することは国産のものを消費するよりも環境への負担が大きいと言われています。その理由を説明しなさい。

（2021年　神奈川学園・多摩大学附属聖ヶ丘中学校）

問40　現在日本は、環太平洋パートナーシップ（環太平洋経済連携・TPP）協定に参加しています。この協定で、貿易の自由化のために合意された内容はどのようなものですか。また、それにより日本の農畜産業にどのような影響があると考えられますか。　　　　　　　　　　（2023年　横浜共立中）

01 地理地形

02 地理産業

03 歴史分野

04 公民分野

05 国際社会

06 SDGs問題

07 AL問題

問 36 解答例

[例] 丸亀の周辺では、うちわづくりに必要な竹や和紙などが手に入りやすかったから。

[例] 讃岐は四国の他の国への行き来がしやすく、材料が手に入りやすかったから。

問 37 解答例

[例] 自動車が何かに近づいてぶつかりそうになったときに自動で急ブレーキがかかるようにする。

[例] 運転前に呼気の検査をして、お酒を飲んでいる人が運転できないようにする。

問 38 解答例

[例] 認知能力の低下した高齢者も安全に運転ができる。

[例] 交通事故の発生件数が減り、事故による交通渋滞が減る。

[例] 燃費のいい自動運転をすることが環境対策になる。

問 39 解答例

[例] 海外から輸入する際に、船や飛行機を使い、多くの二酸化炭素を排出するから。

[例] 輸入される農作物を育てるのに使われるとされるバーチャルウォーターによる負担が大きいから。

問 40 解答例

[例] 関税が引き下げられたことで、日本の農畜産業が外国産の安い農畜産物との価格競争に巻き込まれ、農畜産業を辞める人が増えるおそれがある。

[例] 関税が引き下げられたことを利用して、日本の高品質の農畜産物を海外で輸出する好機として捉えた若い人たちが農畜産業を始めるかもしれない。

問41　日本のりんごが高価格であるにもかかわらず、台湾が日本のりんごを輸入するのはなぜだと思いますか。下の文を参考に答えなさい。

（2022年　大妻多摩中）

> ・りんごは気温が低い地域でしか作れず、暖かい台湾では生産地が限られる。
> ・台湾では正月にりんごやみかんを供える風習がある。
> ・2002年に台湾が世界貿易機関（WTO）に加盟して貿易が自由化した。そして低価格のりんごがアメリカやニュージーランドから台湾に入ってきた。
> ・日本のりんごは他の国のものよりも高価格である。

問42　北関東自動車道の完成が、北関東工業地域にもたらした効用について、完成前の状況と比較して説明しなさい。　　　（2022年　桜蔭中）

問43　関東地方では、まず東京と地方を結ぶ高速道路が東京を中心に放射状に建設され、続いてこれらの高速道路どうしをその途中から環状に結ぶ高速道路が建設されました（下の図参照）。このとき、環状高速道路が建設されたことによって東京の都心部の環境が得る利点を、説明しなさい。

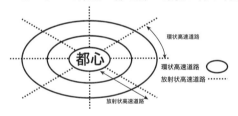

（2022年　慶應義塾中等部　改）

問44　バス高速輸送システム（BRT）は鉄道輸送に比べて大量輸送に向いていない、速さで劣る点が挙げられます。しかし、BRTは特に被災地では鉄道よりも利用されています。このことから考えられるBRTの利点を考えて答えなさい。　　　（2021年　開智中・高輪中）

問 41 解答例

[例] 品質が良いため、経済的に裕福な人が贈答品として購入するため。

[例] WTO に加盟したことで、日本のりんごを以前よりも安く購入できるようになったから。

問 42 解答例

[例] 製造した製品を茨城空港に輸送しやすくなったこと。

[例] 移動経路が増えたことで、渋滞を回避して輸送できるようになったこと。

問 43 解答例

[例] 都心での混雑が緩和され、移動がしやすくなること。

[例] 都心を走行する自動車が減ることで、首都高速道路の老朽化を抑えられること。

問 44 解答例

[例] 被災地では鉄道の復旧に時間がかかるおそれがあるが、バスであれば路線を変えれば復旧した道路を短時間で利用できるから。

[例] 鉄道を復旧するのに多額の費用がかかるが、BRT であれば一般の道路を走ることができるため費用を抑えることができる。

問45 日本ではまだ17の都市で路面電車が走っており、近年ではこれからの時代に合った新しい交通機関として見直されています。どのような点が期待されているのか考えて述べなさい。

（2022年　土浦日本大学中）

問46 下のA・Bは本校の最寄り駅である読売ランド前駅の平日の朝の時刻表です。「上り（東京・新宿方面行き）」の時刻表はどちらか、記号で答えなさい。また、そう考えた理由を説明しなさい。

（2022年　日本女子大学附属）

| A | | | | | | | | | | |
|---|---|---|---|---|---|---|---|---|---|---|
| 時 | 分 | | | | | | | | | |
| 5 | 3 | 18 | 36 | 47 | 56 | | | | | |
| 6 | 3 | 17 | 25 | 34 | 42 | 49 | 58 | | | |
| 7 | 7 | 11 | 18 | 24 | 29 | 34 | 44 | 49 | 54 | 59 |
| 8 | 4 | 9 | 14 | 20 | 27 | 37 | 48 | 56 | | |
| 9 | 6 | 16 | 25 | 33 | 43 | 54 | | | | |
| 10 | 3 | 13 | 23 | 33 | 43 | 54 | | | | |

| B | | | | | | |
|---|---|---|---|---|---|---|
| 時 | 分 | | | | | |
| 5 | 16 | 36 | 55 | | | |
| 6 | 8 | 16 | 23 | 32 | 41 | 53 |
| 7 | 3 | 12 | 24 | 32 | 42 | 52 |
| 8 | 4 | 15 | 26 | 37 | 46 | 55 |
| 9 | 6 | 16 | 27 | 35 | 47 | 55 |
| 10 | 6 | 15 | 26 | 36 | 46 | 55 |

問47 ホームドアの製造や設置の費用以外にホームドアの設置に時間がかかる理由としてどのようなことが考えられますか。説明しなさい。

（2023年　渋谷教育学園幕張　改）

問48 モノレールが普及することの良い点を、自家用車や路線バスなどの交通機関と比べて説明しなさい。　　（2022年　多摩大学附属聖ヶ丘中学校）

問49 四国新幹線建設に賛成の立場または反対の立場にたって、その理由述べなさい。　　（2023年　大妻多摩中）

01 地理地形
02 地理産業
03 歴史分野
04 公民分野
05 国際社会
06 SDGs問題
07 AL問題

問 45 ▶ 解答例

⑳ 二酸化炭素の排出量が少なく、地球温暖化対策に適している点。

⑳ 乗降口の段差が小さいため、バリアフリーに適している点。

⑳ 他の乗用車が走行しないため、時刻通り走行することができる点。

問 46 ▶ 解答例

記号 A　理由

⑳ 朝の通勤・通学時間帯は上り方面の利用が多くなるから。

⑳ 下り方面の電車は上り方面に比べて朝の運転本数が少ないから。

問 47 ▶ 解答例

⑳ 夜遅くまで電車が走っているため、ホームドアを設置するための時間が十分に取れないから。

⑳ 同じホームでも走る電車の車両数やドアの数が異なるため、それらに合わせたホームドアの設置が難しいから。

⑳ 駅のホームが狭く、ホームドアを設置するとホームが歩きにくくなるから。

問 48 ▶ 解答例

⑳ 交通渋滞の心配がなく、時間通りに目的地に着きやすい。

⑳ 電気で走行するため、自家用車や路線バスに比べて二酸化炭素の排出量を抑えられる。

問 49 ▶ 解答例

【賛成】

⑳ 四国と本州を短時間で移動できるため、観光や帰省の時に便利である。

⑳ 四国の産業が発展しやすくなる。

⑳ 四国全体を観光する人が増えることで観光業が盛んになり、四国に関心を持ち移住する人が増える可能性がある。

【反対】

⑳ 環境破壊がすすみ、多額の建設費用がかかる。

⑳ 他の地域に移動しやすくなることで移住する人が増え、過疎がさらに進むおそれがある。

問50　リニア開通前後にわたしたちの生活はどのように変化すると考えられま
　　　すか。次の資料を参考に「通勤圏」という語句を使って説明しなさい。

資料

品川駅・名古屋駅・大阪駅からの鉄道各駅乗車時間

| | | 神奈川県駅 | 山梨県駅 | 長野県駅 | 岐阜県駅 |
|---|---|---|---|---|---|
| 品川駅 | リニア開通直前(現状) | 44分 | 1時間48分 | 4時間50分 | 2時間50分 |
| | リニア開通後 | 10分程度 | 25分程度 | 45分程度 | 1時間程度 |
| 名古屋駅 | リニア開通直前(現状) | 2時間 | 3時間20分 | 2時間15分程度 | 1時間9分 |
| | リニア開通後 | 1時間程度 | 45分程度 | 25分程度 | 15分程度 |
| 大阪駅 | リニア開通直前(現状) | 3時間15分 | 4時間15分 | 4時間9分 | 2時間13分 |
| | リニア開通後 | 1時間27分程度 | 1時間12分程度 | 52分程度 | 42分程度 |

(国土交通省資料より作成)

各県別の通勤時間の平均

| 全国平均 | 往復1時間19分 |
|---|---|
| 埼玉県在住者平均 | 往復1時間36分 |
| 千葉県在住者平均 | 往復1時間42分 |
| 神奈川県在住者平均 | 往復1時間45分 |

(2023年　静岡聖光学院)

問51　東京から約1000km南にある小笠原諸島への交通手段は、現在片道約
　　　24時間で結ぶ定期船のみになっています。そのため、近年は移動時間を短
　　　縮するために航空路線を開設し、島に空港を建設しようとする動きが出てい
　　　ますが、さまざまな問題点も指摘されています。小笠原諸島に空港を建設す
　　　ることに対してあなたは賛成ですか、反対ですか。考えを示した上でその理
　　　由を述べなさい。　　　　　　　　　　　　　　(2021年　國學院大學久我山)

問52　下の図は国内航空路線の旅客輸送量を表したものです。この図を見て、
　　　東京—大阪よりも、東京—福岡の旅客数が多い理由として考えられることを
　　　答えなさい。

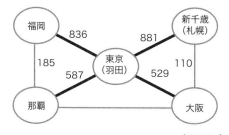

(2022年　昭和女子大附属)

問 50 解答例

[例] 新幹線が開通されていなかったところが通勤圏になるため、休日は移住先にある自然に触れて心身をリフレッシュさせることができる。

[例] 通勤圏が広がるため、ベッドタウンの範囲が広がる可能性がある。

問 51 解答例

[例] 私は賛成です。定期船での移動では小笠原諸島に住む人が急病になったときに助けられないおそれがあるため、航空路線を整備して救急医療に備えた方がいいから。

[例] 私は反対です。小笠原諸島は人の手が入っていないことから世界自然遺産に登録されているのであり、もし航空路線を整備すると世界自然遺産の登録から外されるかもしれないから。

問 52 解答例

[例] 東京～福岡を新幹線で移動するには時間がかかりすぎるから。

[例] 東京～大阪間は新幹線を利用する人が多いから。

問53　次の資料は、サトウハチロー記念館の移転先として岩手県北上市が選ばれた理由を説明したものです。

【資料】

> ・東京や埼玉からの新幹線・高速道路などの交通アクセスにめぐまれていること。
> ・空気、水などの自然環境にめぐまれていること。
> ・犯罪発生率が低く、貴重な資料の保存に支障がないこと。
> ・北上川を利用した船運で栄えた歴史があり、宿場町として人にやさしい気風の残る都市として定評があること。

(岩手県北上市 公式HPをもとに作成)

　これと似たような話として、近年、都市部から地方へ移住したり、企業・会社を都市部から地方へ移転したりする動きが多くなっています。このような動きによって、都市部で起こっている交通に関する問題が改善されることも考えられています。具体的にどのようなことが考えられるか説明しなさい。

(2023年　京華女子)

問54　シンガポールで近年、フードデリバリーと呼ばれる、飲食店で作られた料理を宅配するサービスが人気です。コロナ禍での生活に合わせ、日本でも流行しました。フードデリバリーのメリットとデメリットをそれぞれ答えなさい。

(2021年　須磨学園 改)

問55　オンラインショッピングをする上で、環境や持続可能に配慮できることとしてどのようなことがありますか。一つ説明しなさい。

(2023年　文教大学付属)

問56　北海道と沖縄には多くの観光客が訪れます。観光が盛んになるとさまざまな職業が利益を得られます。観光によって利益を得る職業を、ホテルなどの宿泊業、水族館などの入場料をとる観光施設以外で答えなさい。

(2021年　日本女子大学附属)

01 地理地形
02 地理産業
03 歴史分野
04 公民分野
05 国際社会
06 SDGs問題
07 AL問題

問 53 ▷ 解答例
例 都市部への人口集中を防ぐことで、交通渋滞や通勤・通学ラッシュが改善されると考えられる。
例 都市部から地方に人や物流が分散することで、都市部に見られる大気汚染といった公害問題が軽減することが期待できる。

問 54 ▷ 解答例
【メリット】
例 人が密集するおそれのあるところに行かずにすむため感染リスクを抑えることができる。
例 仕事などで外出する時間が無くても必要なものを手に入れることができる。
【デメリット】
例 送料などがかかるため直接買い物に行くよりも負担がかかる。
例 注文が多くなる時間帯では必要なものが届くのに時間がかかるおそれがある。

問 55 ▷ 解答例
例 商品の再送をしないようにすることで、二酸化炭素の排出量を抑える。
例 必要以上に食べものを注文しないことで、食品ロスを抑える。

問 56 ▷ 解答例
例 ホテルの周辺にある、その地域の特産品を扱う飲食店。
例 観光に利用するための自動車を扱うレンタカー屋。

問57 「地域を発展させること、自然を保護すること、2つのバランスをとること」について、多摩子さんはこの問題についてより深く調べたいと思い、あるリゾートの開発において地元住民の間でも賛否の議論が起こっていることを知りました。次の文章は【リゾートの候補地に関する説明】、【開発に反対する地元住民の意見】、【多摩子さんの意見】です。【多摩子さんの意見】の中にある、【　う　】、【　え　】にあてはまるメリットを文章で答えなさい。

【リゾートの候補地に関する説明】

- 関東の郊外にある静かな海沿いの町。都心からのアクセスは良いが、地域の産業は農業や漁業が中心で高齢者が多く、若者不足が問題になっている。
- 町に有名な観光地などもなかったが、この町の一帯を大手リゾート会社が買って開発することになり、海水浴場やテーマパーク、商業施設などの大きな開発が行われようとしている。

【開発に反対する地元住民の意見】

- 海沿いにホテルを作ると生態系に影響を与えてしまうかもしれない。開発会社は調査の結果問題ない、と言っているが、魚が捕れないと生活ができない。
- いろいろな人が来ると車も渋滞して町がうるさくなるので住みにくくなる。

【多摩子さんの意見】

私はリゾートの開発に賛成です。たしかに住民の中には生態系への影響や、車の渋滞などを心配する人もいると思います。しかし、生態系への影響はしっかりと調べ、影響の少ないように努力すれば解決できるし、町の住みやすさに関してはしっかりと開発する地区と静けさを守る地区とを分けるなどすれば解決できると思います。また、開発することによって【う　】、【　え　】というメリット（利点）もあるのです。そのメリット（利点）の方が大きいので、私は開発を進めるべきだと思います。

（2022年　大妻多摩中）

問58　自販機の硬貨の投入口には縦型と横型があります。駅にある切符の自販機ではなぜ縦型を採用しているのですか。硬貨の特性をふまえて、その理由を答えなさい。　　　　　　　　　　　　　　（2021年　渋谷教育学園幕張）

問59　以前はシンプルにシロップをかけるだけだったかき氷も、最近は高級な果物やお菓子をふんだんに盛り付けた「デコラティブかき氷」なるものが流行しているようです。盛り付けの手間と材料費とか余計にかかってしまう「デコラティブかき氷」を作るお店は、おいしさ以外にどのような効果を期待しているのでしょうか。お店が期待している効果を、コスト（費用）に着目しながら説明しなさい。　　　　　　　　　　　　　　（2023年　開智中）

01 地理地形　02 地理産業　03 歴史分野　04 公民分野　05 国際社会　06 SDGs問題　07 AL問題

問 57 ▶ 解答例

㊸【う】観光客が増えて町のレストランなどの売り上げが伸びる

　　【え】リゾートができて買い物や外食がしやすくなり生活が便利になる

㊹【う】商業施設などが利用しやすくなり生活が便利になることで

　　【え】若い人が移り住む

問 58 ▶ 解答例

㊺ 縦に硬貨を入れた方が何円の硬貨か素早く認識できるので、切符を買うための行列を作らないようにするため。

㊻ 縦に硬貨を入れた方が何円の硬貨かを素早く認識できるが、スペースを多く必要とする。しかし、切符の自販機は飲み物など大きい物を自販機に入れないので、認識するためのスペースを作ることができるから。

問 59 ▶ 解答例

㊼ 盛り付けの手間と材料費にかかる分の値段を高くつけることで、普通のかき氷よりも利益を得やすくしている。

㊽ 見た目を派手にすることで、好奇心で注文した人が SNS で写真をつけて投稿すれば宣伝費をかけずに注目を集めることができる。

問60　近年、農業を活性化させる方法として、「六次産業化」という取り組みが行われています。これは、農林漁業者が生産した農林水産物を自ら加工して新商品を開発し、その販売にも取り組んで農林水産業を活発化させていこうとするものです。

（問い）　あなたの住む町は、ブルーベリーの生産量が日本一です。町のブルーベリー農業を活発化させるために、あなたはどのような「六次産業化」の取り組みを考案しますか。あなたの考えを書きなさい。

（2022 年　横須賀学院・大妻多摩中）

問61　江戸時代、呉服店で知られる越後屋は、雨が降ると屋号入りの傘を客に無料で貸し出し、それを多くの人が見ることによって大きな宣伝効果を生み出しました。

　　　このことを参考にして、もしあなたが経営者であったならば、何を無料で配布もしくは貸し出すことで宣伝効果を生み出しますか。

　　　あなたの考えを述べなさい。　　　　　　（2022 年　國學院大學久我山）

問62　令和版の新しい硬貨を発行するとします。あなたはどのような産業・業種を取り上げ、どのようなデザインにしますか。そのデザインを描き、なぜそのようなデザインにしたのか理由を説明しなさい。

　※　解答欄にはまずデザインを描いてもらいますが、穴のない硬貨とし、硬貨の金額を描く必要はありません。また、デザインの描写の出来は採点の対象ではありません。理由をしっかり論述してください。

（2021 年　森村学園）

01 地理地形
02 地理産業
03 歴史分野
04 公民分野
05 国際社会
06 SDGs 問題
07 AL 問題

問60 ▶ 解答例

㋀ ブルーベリーを使ったジャムを作ることで、地元の道の駅で特産品として販売する。

㋀ ブルーベリーを使った化粧品を作ることで、インターネットショップで販売する。

問61 ▶ 解答例

㋀ 自転車のかごに広告をつけてレンタサイクルとして貸し出す。

㋀ 会社の名前をプリントしたマスクを無料で配布する。

問62 ▶ 解答例

㋀

【理由】
これからの情報化社会を考えると、Wi-Fi のようなネット通信に関するものが社会の中心になると思うから。

㋀

【理由】
これから人工知能が発達し、私たちの生活に大きく関わる可能性が高いから。

問63 以下のグラフは、1960年から2020年までの日本の10年ごとの産業別就業者の割合の推移を示している。以下のグラフから読み取れる、日本の産業構造の変化を説明しなさい。また、そのような変化によってもたらされる日本の産業の弱点を説明しなさい。

### 産業別就業者の割合の推移

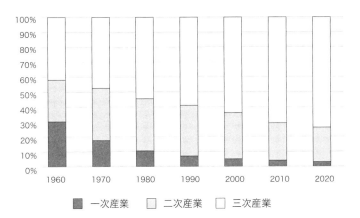

（2023年　日出学園中学校）

01 地理地形

02 地理産業

03 歴史分野

04 公民分野

05 国際社会

06 SDGs問題

07 AL問題

[問]63 解答例

[例] 一次産業の割合が60年間で大きく減少していることから、食料自給率が減少し、海外からの食料品の輸入に頼らざるを得なくなっている。

[例] 形あるものを生産する一次産業・二次産業の割合が減少し、輸入に頼ることになりやすく、貿易赤字になりやすくなっている。

問64 産業に関する【資料1】【資料2】を見て、次の問いに答えなさい。

(1) 二つの資料から、今後「衰える」可能性のある産業を一つ選び、その理由を説明しなさい。

(2) 二つの資料から、今後「発展する」可能性のある産業を一つ選び、その理由を説明しなさい。

【資料1】

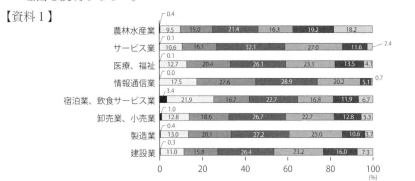

■ 19歳以下　□ 20代　■ 30代　■ 40代　□ 50代　■ 60代　□ 70歳以上

【資料2】

| 産業別平均給与<br>（単位：千円） | 19歳以下 | 20代 | 30代 | 40代 | 50代 | 60代 | 70歳以上 | 全体 |
|---|---|---|---|---|---|---|---|---|
| 農林水産業 | 1793 | 2564 | 3287 | 3652 | 3819 | 2795 | 2060 | 3059 |
| サービス業 | 1380 | 2963 | 3693 | 4169 | 4080 | 3064 | 2240 | 3591 |
| 医療、福祉 | 2358 | 3394 | 3686 | 4177 | 4462 | 4127 | 3699 | 4016 |
| 情報通信業 | 3087 | 4087 | 5470 | 6738 | 7919 | 6251 | 6691 | 6136 |
| 宿泊業、飲食サービス業 | 835 | 1804 | 2939 | 3163 | 3114 | 2381 | 2087 | 2575 |
| 卸売業、小売業 | 947 | 2741 | 3746 | 4288 | 4385 | 3434 | 2649 | 3779 |
| 製造業 | 2385 | 3595 | 4695 | 5452 | 6169 | 4294 | 3500 | 5032 |
| 建設業 | 2336 | 3890 | 4822 | 5710 | 6011 | 4833 | 3240 | 5110 |
| 全国計 | 1303 | 3264 | 4241 | 4913 | 5239 | 3896 | 2885 | 4393 |

(e-Stat HP：国税庁　民間給与実態統計「業種別及び年齢階層別の給与所得者数・給与額」
(2020年～) より作成)

(2023年　佼成学園女子)

問64 解答例

【衰える】

[例] 年代の高い人が多く、高収入が見こめない農林水産業は衰えると考えられる。

[例] 給与は多いが、若い人の割合が伸びていない建設業が衰えると考える。

【発展する】

[例] 給与が多く、若い人の割合の高い情報通信業が発展すると考える。

[例] 若い人の割合が高く、今は給与が低いが今後増える可能性が高い宿泊業が発展すると考える。

# 03 歴史分野

問1　メソポタミア文明をふくむ「世界四大文明」は大きな河川の流域で栄えました。多くの人々が豊かに生活できた理由を考えて述べなさい。

（2023年　光塩女子学院　改）

問2　次の資料は、ある生徒が縄文時代の遺跡について調べたものであり、気づいたことを仮説としてまとめました。仮説中の空欄アにあてはまる文を、資料をふまえて説明しなさい。

資料

| 長野県A遺跡 | 100件以上の竪穴住居のある遺跡。「縄文のビーナス」と呼ばれる、妊娠している女性を模した土偶が出土した。 |
| 山形県B遺跡 | 46点の土偶の破片が発見された遺跡。これらの土偶には、W字型の胸、後ろに張り出す腰などの特徴がある。 |

仮説　土偶は食べ物を得るために祈るときの道具として使用されたと考えられる。なぜなら、 ア からである。

（2021年　自修館中等教育学校）

問3　同じ縄文人をもとにする和人とアイヌ人はどうしてちがう民族となっていったのですか。説明しなさい。　　　　（2021年　森村学園）

問4　日本では昔から米だけでなく、その副産物である藁（わら）や糠（ぬか）を有効に無駄なく日常の生活の中で利用してきました。その利用方法の例を答えなさい。

（2021年　國學院大學久我山）

問5　弥生式の土器は縄文式土器に比べて種類が豊富なのが特徴ですが、なぜ種類が豊富になったのでしょうか。弥生時代の生活を参考にして、理由を説明しなさい。　　　　（2022年　京華女子　改）

問1　解答例

⑳ 豊富な水を手に入れることができたため、農耕に力を入れることができたから。

⑳ 河川に暮らしている魚を手に入れることができたため、食べものに不足しなかったから。

⑳ 河川を利用した移動がしやすく、物流が盛んだったから。

問2　解答例

⑳ 妊娠している女性をかたどり子孫の繁栄を願うために食べものを求めたと考えられる

問3　解答例

⑳ 和人は朝鮮半島の文化を受け入れ、アイヌはロシアなどの文化を受け入れたから。

⑳ 和人はその後ヤマト政権に従うようになったが、アイヌ人は従わなかったから。

問4　解答例

⑳ 大豆をわらの中に入れて発酵させる。

⑳ ぬかに野菜を漬けて保存用のぬか漬けを作る。

問5　解答例

⑳ 稲作などの農耕生活が行われ、様々な食べものが作られるようになったから。

⑳ ムラを統治する者が現れ、身分や立場によって食器を使い分けた可能性があるから。

問6　漢委奴国王金印のできごとは、日本の歴史書でなく中国の歴史書から知ることができます。それは、当時の日本が歴史書を作成していなかったからです。当時の日本が歴史書を作成していなかった理由を簡潔に説明しなさい。

(2021年　大宮開成)

問7　古墳の衰退は仏教が大きく影響していると考えられています。仏教伝来によって古墳が衰退した理由として考えられることを挙げなさい。

(2021年　栄東)

問8　本州が弥生、古墳・飛鳥、奈良の時期に受け入れた大陸から伝えられたものをあげなさい。　　　　　　　　　　　　　(2021年　森村学園)

問9　「冠位十二階」や「憲法十七条」がつくられた理由を文章で答えよ。

(2022年　目黒日大)

問10　奈良時代に相次ぐ疫病や反乱が起きたことによる社会不安に対して、政府は仏教の力を使って鎮めようとしました。このことについての都と地方の具体的な例をそれぞれ説明しなさい。

(2021年　中央大学附属横浜)

問11　各地で税を集め、集めた税を都へ運ばせるのは、郡司の役割でした。図1から、郡司をつとめるために必要な能力は何か。

(2023年　神奈川大学附属)

図1

問6 解答例
[例] 当時の日本では絵は描かれていたが、文字は使われていなかったから。
[例] 歴史書を作成できるほどの強大な国家や教養を持った人が存在しなかったから。

問7 解答例
[例] 古墳文化では土葬だったが、仏教の伝来によって火葬が始まり、風習が変わったから。
[例] 聖徳太子の法隆寺のように、寺院を作ることが権力を示すことに変わったから。

問8 解答例
[例] 稲作などの技術。
[例] 須恵器を作る技術。

問9 解答例
[例] 強大な隋が中国に誕生したことで、日本は天皇を中心とする国を作ろうと考えたから。
[例] 蘇我氏の影響力が強くなったことで、制度を整備することで蘇我氏の動きを抑えようと考えたから。

問10 解答例
【都】
[例] 東大寺を建て、大仏を造立した。
[例] 都の周辺に寺を建て、鑑真などの中国からの渡来僧を招き入れた。
【地方】
[例] 各地に国分寺・国分尼寺を建立した。
[例] 行基などの僧侶が技術を伝授していく中で仏教も伝えられた。

問11 解答例
[例] 文字を読み書きする能力。
[例] 指示を理解し、下の者を指導することができる能力。

問12　鑑真が日本に来た頃、日本の使節が中国大陸へ渡るときには、4隻の船に分かれて行きました。その理由を説明しなさい。

（2022年　田園調布学園）

問13　遣唐使には、大国の唐や他のアジア諸国と外交をおこない、日本の国際的な地位を高めるという大きな責任がありました。

　　　このように重要な任務をおこなう遣唐使に選ばれるのはどのような※資質の人物だと思いますか。あなたの考えを自由に述べなさい。

　　※資質：生まれつき持っている性質や才能・身につけた能力

（2021年　桜美林中）

問14　遣唐使の使節が中国から日本に帰国する船に猫を乗せた目的として「あるものを守ろうとした」または「あることを防ごうとした」ことが考えられます。その目的について「守」または「防」という字を使って説明しなさい。

（2021年　暁星中）

問15　桓武天皇の生母は高野新笠（たかののにいがさ）といい、渡来系の氏族出身でした。ヤマト王権においても多くの渡来人が日本で活躍し、その後の朝廷でも活躍しました。朝廷は渡来人に何を期待していたのでしょうか。あなたの考えを書きなさい。

（2021年　大妻中野）

問16　「あはれの文学」と言われる『源氏物語』や「をかしの文学」といわれる『枕草子』は共に平安時代の作品です。当時の都である平安京は唐の都である長安の形式を参考に造られていますが、都が碁盤の目状に整理されていることの利点として考えられることを簡潔に説明しなさい。

（2021年　青山学院横浜英和）

01 地理地形
02 地理産業
03 歴史分野
04 公民分野
05 国際社会
06 SDGs問題
07 AL問題

問 12 解答例

[例] 航海の途中で海が荒れた時、１隻でも中国へ着けるようにするため。

問 13 解答例

[例] 中国語が話せて、礼儀正しく、立派なふるまいができる人物。

[例] 外国人であっても物おじしないコミュニケーション能力。

問 14 解答例

[例] 天皇に納めるために持ち帰った経典をネズミに食べられるのを防ぐため。

問 15 解答例

[例] 大陸の進んだ技術や文化を教えてもらえることを期待した。

[例] 大陸の国際情勢などについての情報を教えてもらえることを期待した。

[例] 渡来人が地方に行き大陸の進んだ技術や文化を伝えることで、ヤマト政権の影響力を地方に及ぼすことを期待した。

問 16 解答例

[例] 直線状に通りが整備されていることで移動しやすい。

[例] 区画整理されていることで位置の確認がしやすい。

問17　平安時代の資料の中には、貴族が記した日記も多く残っています。【資料1】【資料2】を読み、問いに答えなさい。

【資料1】

> 9世紀後半以降、朝廷で行われる儀式や仕事は「年中行事」として整えられ、あらゆる行事について、手順や作法が細かく決められていった。

【資料2】

> 10世紀、関白・太政大臣だった父親を持つ右大臣藤原師輔（ふじわらのもろすけ）は、重要な行事について、日記をつけておくことを子孫に言い残している。

　当時の貴族が記した日記は、現在のような自分のためだけの日記ではなく、他の人に読まれることを考えて書かれています。藤原師輔はなぜ日記をつけておくことを子孫に言い残したのでしょうか。【資料1】【資料2】の内容に触れて、その理由を説明しなさい。　　　　　　　　（2021年　鷗友学園女子）

問18　以下の表は、平安時代につくられた『延喜式』というきまりに定められた、各国（地方）から都までの、移動にかかる標準所要日数です。地方から都に向かう上りの日数と都から地方に向かう下りの日数に違いがあるのはなぜでしょうか。その理由を考えて答えなさい。

| 国名 | 上りの日数 | 下りの日数 |
|---|---|---|
| 武蔵国（現在の東京都・埼玉県・神奈川県の一部） | 29日 | 15日 |
| 尾張国（現在の愛知県西部） | 7日 | 4日 |
| 越後国（現在の新潟県） | 34日 | 17日 |

（2021年　早稲田実業）

問19　鎌倉幕府が「永仁の徳政令」を出した具体的な理由を挙げ文章で答えよ。
　　　　　　　　　　　　　　　　　　　　　　　　　　（2022年　目黒日大）

問20　倭寇の活動が14世紀後半にもさかんになったのは、日本のどのような状況によるものか。説明しなさい。　　　　　　　（2023年　田園調布学園）

01 地理地形　02 地理産業　03 歴史分野　04 公民分野　05 国際社会　06 SDGs問題　07 AL問題

問 17 解答例

[例] 当時、藤原氏は大きな権力を持っており、一族の多くは高い地位や役職についた。そのため、自分の子孫が自分と同じ地位や役職につくことが多かったので、行事の手順や作法を詳しく記録し、子孫に伝えるために日記をつけておくように言い残した。

[例] 行事などの作法は口頭で伝承されるものもあったため、日記にして記録することで、行事の手順や作法を伝える人がいなくなっても日記を参考に習得できるようにした。

問 18 解答例

[例] 都に税を運ぶときは荷物を抱えているが、戻るときは荷物がないから。

問 19 解答例

[例] 元軍を撃退した恩賞として、領地を獲得できなかった御家人の生活が苦しくなったため。

[例] 当時の武士は領地などの財産を分割して相続したため、土地からの収入が少なくなっていたため。

[例] 鎌倉時代には貨幣経済が進み、それにともなう出費が増えたため。

問 20 解答例

[例] 南北朝の争いが続き、国内の状況が不安定だったから。

[例] 鎌倉幕府が滅び、国内が 2 つの勢力に分かれて対立し社会が不安定だったから。

問21　次の史料は、戦国時代に各国の大名が自分の領地に住む人々に向けてつくった規則である分国法の一部です。これら2つの条文を見て、ここから読み取れる共通の目的を簡単に説明しなさい。ただし、条文は現代の言葉になおしてあります。

> 朝倉孝景条々
> 一、わが朝倉家の城以外に、領国内に城をつくってはいけない。すべて自分の領地を持つ者は、みな一乗谷の城下へ引っ越させ、村々の領地にはただ、役人だけをおくようにすべきである。
>
> 今川仮名目録
> 一、駿河・遠江両国の今川氏の家臣たちは、自分勝手に他国から嫁をもらったり、あるいは婿をむかえたり、娘を嫁にやることは、今後、これを禁止する。

（2022年　大妻中）

問22　戦国時代、種子島に鉄砲が伝来しました。この時のようすを記録した『鉄砲記』を読むと、種子島に漂着した「ひとつの大船」は、「中国船」とも「ポルトガル船」とも読み取ることができ、今なお結論が出ていません。あなたはどちらだと考えますか。判断した根拠をしめして説明しなさい。なお、史料文は読みやすいように現代語訳しています。

> 天文十二（1543）年秋八月二十五日、我が種子島の島内の小浦（こうら）にひとつの大船があらわれた。船客は百人余りいて、その姿は日本人と容貌（ようぼう）・風貌が似ておらず、言葉は通じない。その中に、中国の者が一人、名は五峯（ごほう）（※倭寇のリーダー）といい、正式な名はわからない者もいた。

※倭寇：13世紀から16世紀にかけて東アジアの色々な地域で活動した海賊のこと

（2023年　富士見中）

問23
(1) 鉄砲の伝来によって、起こった変化A〜Cのいずれか1つをとりあげてその変化を具体的に説明しなさい。
　　A　戦乱の期間　　　B　戦い方　　　C　築城法
(2) (1)もふまえたうえで、戦国大名が鉄砲を活用して天下統一を目指すために必要なことは何だと思いますか。そのために行いたい具体策を戦国大名になったつもりでのべなさい。

（2023年　桜美林中）

問 21 ▶ 解答例

㉕ 家臣が大名に逆らえないようにする。

㉕ 大名が家臣を監視してけん制する。

問 22 ▶ 解答例

㉕ 中国船だと思う。五峯が倭寇のリーダーであること。その五峯が自らの船に百人あまりの船客を乗船させていたと考えられるため、中国船の可能性が高い。

㉕ ポルトガル船だと思う。百人あまりの船客は日本人と容姿が似ておらず、中国の者が一人だけいたという記述から、船客の大半がアジア人以外（西洋人）と判断できるためポルトガル船の可能性が高い。

問 23 ▶ 解答例

(1)A ㉕ 戦国時代に入ってから鉄砲伝来まで 60 年以上も戦乱が続いていたのに、鉄砲伝来から豊臣秀吉の統一まで 50 年しかかかっていない。鉄砲の伝来が戦国時代の終わりを早めた。

　 B ㉕ 騎馬戦主体から足軽鉄砲隊による集団戦へと変化した。

　 C ㉕ 山城から平城にかわり、鉄砲を防ぐ分厚い壁、高い石垣を備え、狭間をもつようになった。

(2) ㉕ 大量の鉄砲を買い、強固な城をつくるためには財力が必要なので、商業や貿易の発展している都市を支配下に置いたり、城下町で商業を発展させるために、楽市楽座を行ったり、鉱山の開発をしたり、農業生産力をあげるために治水かんがい工事を行ったりする。

　 ㉕ 大量の鉄砲を買い、足軽を指揮するには兵士を農民ではなく専門的に戦えるものにしなければならない。そのためには多くの財力が必要になる。そこで、金山や銀山などの鉱山、堺のような商人の都市を支配することで経済力を高める。また検地を行い年貢を確実に徴収する。

問24　大名たちとイエズス会が互いにつながりを深めようとした目的を、それぞれの立場から、以下の〔条件〕に従って説明しなさい。

〔条件1〕大名がイエズス会とどのような形でつながりを持ったかに触れること。
〔条件2〕イエズス会と関係の深い大名が、当時何と呼ばれていたかに触れること。

（2022年　鷗友学園女子）

問25　本能寺の変の際、織田信長に忠誠を尽くして戦った人物には、アフリカ出身の外国人で弥助という名がつけられたものがいたといわれています。どうして、この人物が日本にいたと考えられますか。答えなさい。

（2022年　大妻中野）

問26　歴史の中では、幕府や政府によって麦の栽培が繰り返し奨励<sup>しょうれい</sup>されてきました。なぜ麦の栽培が奨励されたのですか。説明しなさい

（2021年　森村学園）

問27　次の絵は「国絵図」と言われるものです。「国絵図」とは山や川、道、国境などを色分けしたものです。江戸幕府の将軍は江戸時代を通して数回、全国の大名に「国絵図」の提出を強要しました。それはなぜだと考えられますか、説明しなさい。

国立国会図書館デジタルコレクション（https://dl.ndl.go.jp/pid/1286204/1/1）　より引用

（2022年　京華女子　改）

問 24 ▶ 解答例
㊾ 大名は信者となることでイエズス会とつながり、貿易を有利に進めようとした。一方イエズス会はキリシタン大名となった彼らを利用して布教を行いやすくしようとした。

問 25 ▶ 解答例
㊾ ヨーロッパ人がアフリカから連れてきた人物であること。
㊾ ヨーロッパ人が労働力としてアフリカから連れてきた。

問 26 ▶ 解答例
㊾ 米は税や年貢として納めさせ、麦をききん対策として利用するため。
㊾ 麦を加工する技術が向上し、また二毛作も広がったことで麦が食べやすくなったため、米は年貢として納めさせ、麦を食用として百姓に食べさせるため。

問 27 ▶ 解答例
㊾ 江戸幕府の権威を大名に知らしめるため。
㊾ 大名の領地の状況を理解することで、江戸幕府に逆らうおそれのある大名を武力で押さえやすくするため。

問28　「江戸時代の人びとの神仏への考え方は、現代の私たちに近づいていきました。」について、そのことの内容を具体的に示す、江戸時代の人びとと寺院との関係について説明しなさい。

（2023 年　早稲田高等学院）

問29　研究が進むことにより学校の教科書もその内容が変わることがあります。次の 1950 年と 2021 年の高等学校の教科書を読んで、どのように変わったのか答えなさい。なお教科書はわかりやすく編集しています。

教科書（1950 年）

> 江戸幕府は、オランダと中国を除いて海外との交流を断ち、この二国との貿易を独占した。長崎のみを窓口とし、中国とオランダから世界の情報を得るのみとなり、文化への影響もほとんどなくなってしまった。

教科書（2021 年）

> 江戸幕府は、中国船やオランダ船の来航を長崎に限った。こうして幕府が貿易を独占し、海外から文化に与える影響も制限された。ただし、長崎以外の窓口を通して、朝鮮や琉球、アイヌなどの東アジア世界とは交流をもった。

（2022 年　明治大学付属明治）

問30　下の表は、江戸時代の耕地面積と収かく量の変化を表しています。これを見ると 1700 年以降、耕地面積の増え方はそれほど大きくないのに対し、収かく量は順調に増加していることが分かります。なぜこのようなことがおこったと考えられるのか、あなたの考えを述べなさい。

【表1】江戸時代の耕地面積と収かく量の変化

| | 耕地面積（千町）※1 | 収かく量（千石）※2 |
|---|---|---|
| 1600 年 | 2065 | 19731 |
| 1650 年 | 2354 | 23133 |
| 1700 年 | 2841 | 30630 |
| 1750 年 | 2991 | 34140 |
| 1800 年 | 3032 | 37650 |
| 1850 年 | 3170 | 41160 |

（『日本経済史1　経済社会の成立』より作成）

※1　町は、土地の面積を表す単位。1町は約1ha
※2　石は、体積を表す単位。米1石は重さにすると約150kg

（2023 年　桐朋女子中）

問 28 解答例

[例] 寺請制度によって葬儀などが仏式で行われることが多くなった。

[例] 寺請制度によってお布施などを通してご利益を得ようとする人が現れた。

[例] 寺にある秘宝を公開するご開帳によって、貴重なものを参拝する人が現れた。

問 29 解答例

[例] 以前の教科書では江戸時代に多くの国との交流を断ったことを記しているが、現在の教科書は様々な国や地域との交流を行っていたと記している。

問 30 解答例

[例] 干鰯・油かすといった金肥と呼ばれる肥料を用いて収かく量が増えたから。

[例] 深く耕し土質を良くすることのできる備中ぐわが使われるようになったから。

[例] 踏み車といったかんがい用の道具を利用して農地に水が豊富に送られたから。

問31　江戸時代には多くの少女が働きに出ていたことについて、はるさんとふ
　　　ゆさんは、村から江戸へ少女が働きに出ていた理由を考えてみました。次の
　　　表は、ふたりがつくったメモです。メモのア・イのどちらかを選び、あては
　　　まる文を考えて答えなさい。

【はるさんとふゆさんのメモ】

| わたしたちが考えた理由 | 左の理由が正しいか確かめるために、調べなければならないこと。 |
|---|---|
| ア | 江戸時代の農家の平均的な家族の人数や家族構成 |
| イ | 江戸時代の農家が所有する平均的な田畑の面積や収かく高 |

（2023年　三輪田学園）

問32　江戸時代の日本ではさまざまなものがリサイクルされており、馬は、は
　　　いせつ物を都市から農村に運ぶなどの役割を果たしていました。はいせつ物
　　　のリサイクルのほか、江戸時代にはどのようなリサイクルがおこなわれてい
　　　ましたか。　　　　　　　　　　　　　　　　　（2022年　賢明女子学院）

問33　鬼退治で有名な昔話に「桃太郎」があります。この昔話の「桃太郎」の
　　　冒頭では、おじいさんは山へシバかりに、おばあさんは川へ洗たくに行きま
　　　す。このおじいさんが山でかりとった「シバ」は、どのようなことに使われ
　　　たと考えられますか。説明しなさい。　　　　（2023年　渋谷教育学園幕張）

01地理地形　02地理産業　03歴史分野　04公民分野　05国際社会　06SDGs問題　07AL問題

問 31 ▶ 解答例

ア

㋹ 家が貧しくて家族の人数が多く、養いきれないから。

㋹ 農業を営むのに必要な人数がそろっているから。

イ

㋹ 農家の収入が少ないので、少しでも収入を増やすため。

㋹ 女性が農地で働くよりもよそで働いた方が効率がよいから。


問 32 ▶ 解答例

㋹ かまどの灰を買い集めて肥料として売る。

㋹ 着古した着物を修理して古着屋で売る。

㋹ 溶けたろうそくのろうを集めてろうそくに再生して売る。


問 33 ▶ 解答例

㋹ 刈り取った「シバ」を焚き木として利用した。

問34 江戸は世界有数の大都市だったが、その結果、次の資料のように火災が頻発するという問題が発生するようになり、解決策として町火消しという仕事がつくられた。

資料

> 　江戸時代では、大火とされる回数は江戸で49回、京都で9回、大坂で6回とされ、江戸が圧倒的に多いということが分かる。以下の日記は、ワーヘナールという外国人が残した日記である。
>
> ワーヘナールの日記
> 「各地で町民たち大勢が、その多くは小売商人だが、自分の家の屋根に登っているのを見た。風で炎がどの方向に吹き込むか、火がこちらに来ないかを確かめていた、しかし、距離があるため、危険がないとわかると、彼らはふたたび屋根から下りて、近隣の被害をまったく気にしていないようだった。江戸の町に入るにつれて、去年の十一月に焼失した五千軒の家が、そのこんなにも短期間で整然と再建されたのを見て驚いた。

(1) 江戸に発生したと思われる問題を、火災以外で理由とともに答えなさい。
(2) (1)の解決策について具体的に説明しなさい。

(2023年　公文国際学園中等部　改)

問35 享保の改革のころに幕府が日本酒の製造を奨励した目的は何ですか。当時の幕府の状況をふまえて説明しなさい。　　　　(2021年　森村学園)

問36 大塩平八郎は、役人たちを批判し、大坂で幕府に対して反乱を起こしました。あなたは大塩平八郎の行動をどのように考えますか。わたしたちの生きている現在の社会と江戸時代の社会について、共通する点と異なる点をそれぞれあげ、それらをふまえながら、大塩平八郎の行動についてあなたの意見を述べなさい。　　　　(2022年　横浜雙葉　改)

問37 江戸時代の終わりごろの日本全体の身分のうちわけは79ページにある円グラフのような割合でした。しかし、江戸の人口の約半数は武士だったと考えられています。その理由として1635年に始まり1862年の改革まで続いた幕府の「ある制度」が考えられています。このある制度をふまえて、なぜ明治時代はじめまでに江戸の人口が半分近くまで減少したのかを説明しなさい。

01 地理地形
02 地理産業
03 歴史分野
04 公民分野
05 国際社会
06 SDGs問題
07 AL問題

問 34 ▶ 解答例

(1)例 人口が集中したために排せつ物の処理が問題になった。

　　例 人口が集中したことで食料不足になりやすかった。

(2)例 排せつ物を農村に運び肥料として売ることで、収入を得るとともに農作物の生産量の増加を図った。

問 35 ▶ 解答例

例 財政難だった幕府が値下がり傾向にあった米の価格の上昇を狙ったため。

例 豊作が続くと米の価格が下がり藩の財政が苦しくなるので、米をお酒に使うことで米の供給量を減らして米の価格を上げたかったから。

問 36 ▶ 解答例

例 大塩平八郎が政治体制に反発していることは現在の社会でも見られることだが、言論ではなく武力で変えようとした点は異なる。私は不満を抱くことは良いことだと思うが、多くの人が傷つく武力による変化は行わない方が良かったと思う。

例 政治体制を批判することは現在の私たちもするが、反乱を起こすといった強硬な動きは現在の私たちには見られなくなった。手段としては良くないところもあるが、私たちも大塩平八郎にならい、もっと強い姿勢で抗議することも時には必要だと思う。

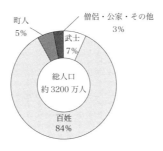

01 地理地形
02 地理産業
03 歴史分野
04 公民分野
05 国際社会
06 SDGs問題
07 AL問題

（2021年　大妻中野）

問38　下の図1は、1862年に日本からヨーロッパへ向かった文久遣欧使節に参
　　加した高島祐啓が書いた『欧西紀行』のものです。彼らは紅海（現在のサウ
　　ジアラビアとエジプトに東西から挟まれている海）まで船で移動した後、カ
　　イロまで汽車に乗り、地中海を経由してヨーロッパに向かいました。ところ
　　が、1869年になると、図2のように紅海と地中海を結ぶスエズ運河が開通
　　しました。

　　　文久遣欧使節のころは、この使節団の使用したルートが喜望峰まわりの航
　　路で、アジアとヨーロッパは結ばれていました。その後スエズ運河が開通し
　　ましたが、この運河を使った場合、文久遣欧使節のころと比べて、人やもの
　　の移動でどのような利点があるでしょうか。図1と81ページにある図2を
　　参考にして説明しなさい。ただし、1度に運べるものの量や人の変化につい
　　ては、ここでは答えないこととします。

図1

（『欧西紀行』さし絵、国立国会図書館　デジタルアーカイブより）

問 37 ▶ 解答例

㊟ 参勤交代によって江戸に住んでいた大名の家族などが領地に戻ったから。

図2　日本からイギリスへの航路の例

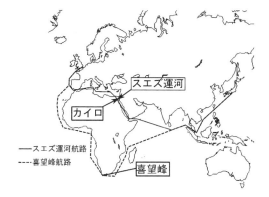

（2022年　駒場東邦　改）

問39　徳川綱吉が亡くなったのは62歳でしたが、江戸時代を通しての平均寿命は30〜40歳くらいと考えられています。なぜこのように平均寿命が短かったのか、考えられる主な理由を答えなさい。

（2021年　明治大学付属明治）

問40　薩摩藩の支配下に入った琉球王国から、幕府に使節がたびたび送られました。幕府は使節に異国風の服装をさせ、楽団に楽器を演奏させるなどしたため、多くの見物人が集まったとされています。使節団のこのような行列は、民衆を大いに楽しませましたが、幕府には別のねらいがありました。別のねらいとは何ですか、説明しなさい。　　　　　　（2021年　晃華学園）

01 地理地形
02 地理産業
03 歴史分野
04 公民分野
05 国際社会
06 SDGs問題
07 AL問題

問 38 解答例

[例] う回しなくていいため、移動時間を短縮することができること。

[例] 船から鉄道、そして船というように人や荷物の乗り換えの手間をなくせること。

問 39 解答例

[例] 乳幼児の死亡率が高かったから。

問 40 解答例

[例] 異国の人々も従えているという印象を民衆に与えることで、幕府の権威を示そうとした。

問41　伊能忠敬は日本全国の測量を行い、日本地図を作りました。どのようにして測量したのでしょうか。次の文を読んでその方法を短くまとめて説明しなさい。

> 私は毎日浅草の観音様まで歩いていきました。毎日同じ時刻に家を出て、観音様にお参りをして帰ってきたときに、何歩で歩いてきたか、何分かかったか、記録しました。半年たつころには、歩数もかかった時間もほぼ同じになってきました。こうして私の速さで歩くと歩数と時間から歩いたきょりがわかるようになりました。
>
> まずは北海道の根室まで測量しました。昼間は道に沿って歩きながら、きょりを測っていきます。また曲がったところでは方位にじしゃくを使ってどのくらいの角度曲がったかを調べます。宿場に着くと宿にとまりますが、晴れた晩には大きな分度器を取り出して星の角度がどうなったかを調べて、自分が移動したきょりを確かめます。それが終わると、一日の測量の結果を細かく記録していきます。そのため、ねるのは深夜遅くになり、ね不足のまま次の日の測量をすることも多かったです。くもりや雨の日の晩にはぐっすりねることができました。こうして前後10回測量に出かけ、北は北海道の宗谷岬、南は鹿児島の佐多岬まで測量し、日本全図を作っていったのです。

（2021年　桐朋女子中）

問42　コレラは、江戸だけでなく日本各地で流行しました。そのため人々はコレラを打ち払うためにいわゆる「コレラ祭り」を行いましたが、かえって感染拡大を起こしてしまいました。その理由を説明しなさい。

（2021年　光塩女子学院・明治大学付属中野　改）

問43　一般的に瓦版の内容は、自然災害や火事、うわさ話に限られる一方、ある種の事がらについて書かれませんでした。書かれなかった事がらの種類と理由を、推測して説明しなさい。　　　　　（2021年　武蔵中）

問44　アメリカ合衆国で奴隷解放宣言が出され、憲法で奴隷制度が廃止されたあとも、なぜ黒人たちは差別を受け続けたのでしょうか、あなたの考えを書きなさい。　　　　　　　　　　　　　　　　（2021年　十文字中学）

01 地理地形
02 地理産業
03 歴史分野
04 公民分野
05 国際社会
06 SDGs問題
07 AL問題

問41 解答例
[例] 歩いた歩数で長さを推測して測量した。

問42 解答例
[例] コレラ祭りを通して人々が密集してしまい、多くの人が感染したから。
[例] 祭りに参加するために近くの村の人も集まり、感染拡大の機会が増えたから。

問43 解答例
[例] 幕府などの政治体制に都合の悪い情報を載せると発行停止などの処分を受けるおそれがあるから。
[例] 幕府の体制を暗に批判することや心中（一緒に命を落とす）に関する記事は載せなかったから。

問44 解答例
[例] 南北戦争後に奴隷制度が廃止されても黒人と白人の区別が明確にされていたから。
[例] 白人の中には黒人よりも上であるという考えがあり、黒人を低く見る気持ちがあったから。

問45　鎌倉時代から江戸時代のあいだに、人びとは四足歩行の動物の肉に下の表にあるような別名をつけて食べるようになりました。このような別名をつけて食べていたのはなぜでしょうか。理由を答えなさい。

| 動物 | 別名 |
|------|------|
| 猪 | ぼたん |
| 鹿 | もみじ |
| 馬 | さくら |

（2021年　麻布中）

問46　同化政策によって、周辺に住む人々からのアイヌ人への差別はより激しくなったと言われます。同化することでなぜ差別が激しくなるのですか。説明しなさい。

※同化政策＝ある支配集団が他の集団を自己の文化になじませようとする政策。

（2021年　森村学園）

問47　没落した士族の救済策以外に、屯田兵の目的を挙げなさい。

（2021年　海陽中等教育）

問48　明治維新の頃、スポーツが「体を鍛えることを主な目的とする」ようになったのはなぜでしょうか。当時の日本がどのような時代だったのかをふまえて、詳しく説明しなさい。　　（2021年　神奈川学園）

問49　明治時代に少量の牛乳を毎日各家庭に配達するという方法がとられた理由を考えて説明しなさい。　　（2023年　栄光学園）

問50　牛乳をびんに入れて配ることが、ひしゃくを使って配ることに比べて衛生面でどのような利点があるか説明しなさい。　　（2023年　栄光学園）

01 地理地形
02 地理産業
03 歴史分野
04 公民分野
05 国際社会
06 SDGs問題
07 AL問題

問 45 　解答例
例 仏教では肉を食べることが禁じられていたため、別の表現にすることで食べられるようにしたかったから。
例 徳川綱吉の生類憐みの令により生き物を食べることが禁じられていたため、別の表現にすることで食べられるようにしたかったから。


問 46 　解答例
例 アイヌ人が和人と同じようにできないことで、アイヌ文化と和人の文化の違いが明確になってしまうため。
例 アイヌ人が和人に合わせようとしてもそれまでの伝統を変えることができないことで和人との違いが明らかになり、差別を生むきっかけになるから。


問 47 　解答例
例 北海道の北にあるロシアへの備えをするため。
例 未開の地である北海道の開発を進めるため。


問 48 　解答例
例 近代化を目指し強い軍隊を作るためには国民の体を鍛える必要があったから。
例 スポーツを通して武士道などの礼儀作法を身につけさせることで、国家への忠誠心を持たせたかったから。


問 49 　解答例
例 牛乳は傷みやすく、大量に注文して残すわけにはいかなかったから。
例 当時の牛乳は薬用として考えられ価格が高かったから。


問 50 　解答例
例 びんに入った牛乳を熱湯で消毒することができる。
例 購入するまでふたをしているため、異物が入らない。

問51　1800年代後半から1900年代前半に
　　かけて起こった、北陸地方や山陰地方の
　　都市人口の順位の変化とその理由につい
　　て、右の表と明治時代になって起きた社
　　会の変化を参考にして説明しなさい。

　　　　　　　（2022年　昭和女子大附属）

人口上位20都市

| | 1878年 | 1908年 | 1920年 |
|---|---|---|---|
| 1 | 東京 | 東京 | 東京 |
| 2 | 大阪 | 大阪 | 大阪 |
| 3 | 京都 | 京都 | 神戸 |
| 4 | 名古屋 | 横浜 | 京都 |
| 5 | 金沢 | 名古屋 | 名古屋 |
| 6 | 広島 | 神戸 | 横浜 |
| 7 | 和歌山 | 長崎 | 長崎 |
| 8 | 横浜 | 広島 | 広島 |
| 9 | 富山 | 金沢 | 函館 |
| 10 | 仙台 | 呉 | 呉 |
| 11 | 堺 | 仙台 | 金沢 |
| 12 | 福岡 | 岡山 | 仙台 |
| 13 | 熊本 | 佐世保 | 小樽 |
| 14 | 神戸 | 小樽 | 鹿児島 |
| 15 | 福井 | 函館 | 札幌 |
| 16 | 松江 | 福岡 | 八幡 |
| 17 | 新潟 | 和歌山 | 福岡 |
| 18 | 鳥取 | 横須賀 | 岡山 |
| 19 | 弘前 | 札幌 | 新潟 |
| 20 | 岡山 | 徳島 | 横須賀 |

問52　教誨師（服役中の人々に精神的な助言をする人）だった原胤昭は、受刑
　　者たちの悲惨な状況を目の当たりにし、待遇改善を訴えました。政府も原の
　　意見を一部受け入れましたが、1880年代の外交上の問題解決につながると
　　の考えが背景にありました。当時の事情にふれて、政府が囚人の待遇を改善
　　したねらいとして考えられることを説明しなさい。　　（2022年　女子学院）

問53　日本が日露戦争に勝利した頃、当時のインドはイギリスの植民地となり、
　　苦しめられていました。首相のネルーはイギリスからの独立運動の中心的な
　　人物でした。このためネルーは日本の勝利を「ヨーロッパの大国のロシアが、
　　アジアの小国に敗れた」と感動しました。しかし、ネルーはその後の日本を
　　見る中で、この勝利について「帝国主義国が一つ増えただけだった」といい、
　　日本の行動を強く批判しています。では、日露戦争後の日本のどのような行
　　動が「帝国主義国が増えただけ」といわれるのでしょうか。そのように言え
　　る日本の行動を具体的に一つあげ、説明しなさい。

　　　　　　　　　　　　　　　　　　　　　　　（2023年　森村学園　改）

問51 解答例

[例] 鉄道の開通などで、日本海の北前船が衰退したため、北陸や山陰の人口は順位を落としている。

問52 解答例

[例] 日本が近代化していることを示すことで、条約改正を有利に進めたかったから。

[例] 人道的な対応をすることで､不平等条約を結んでいる国に好印象を与えたかったから。

問53 解答例

[例] 韓国を併合して、日本の植民地にしたこと。

[例] 植民地にした地域を日本式に改め、日本人化をしようとしたこと。

問54　恩賜財団済生会はどのような目的で設立されたのですか。次の史料を読み、貧民救済や慈善事業以外の設立目的を説明しなさい。

> 「恩賜財団済生会協賛趣意書」）明治44年〈1911年〉
> 一国の活力は医療不足のために著しく消耗することを免れることができず、一国の生産力は、また医療不足のために減殺してしまうのだ。（中略）
> 貧民救済の施設を作って、適切な医療をおこなって重病化しないように治療し、（中略）労働に従事させることは、一国の活力にとって大いに有益であろう。
>
> ※設問の都合上、一部を改めています。

（2023年　渋谷教育学園幕張）

問55　第一次世界大戦が起こると、日本国内で自転車生産が進んだ理由について説明しなさい。　　　　　　　　　　　　　　（2021年　栄光学園）

問56　第二次世界大戦中の新聞の報道にはどのような報道の規制がありましたか。知っていることを書きなさい。　　　　　　（2021年　武蔵中）

問57　第二次世界大戦中、女学生がどのような生活を強いられたのか、またそれはなぜか説明しなさい。　　　　　　　　　（2022年　清泉女学院）

問58　戦前の日本では、女性に対してどのような社会的役割が求められていましたか。旧制の学校制度や教育内容から分かることを書きなさい。

（2022年　武蔵中）

問59　日中戦争・太平洋戦争では、それまでの戦争と比べて戦費のうち兵器調達・維持修理にかけた割合が急激に高くなっています。兵器の変化を考えた上で、その理由を書きなさい。　　　　　　　　　　　（2022年　和洋国府台）

問60　制服を着ることができたにもかかわらず、昭和24年ごろ、生徒の全てがセーラー服を着ていない状況を認めざるを得ませんでした。それはなぜですか。当時の状況をふまえて説明しなさい。　　　（2023年　森村学園　改）

問 54 ▷ 解答例
例 適切な医療を行って労働に従事できるようにすることで、国の経済の活性化
　を促すため。

問 55 ▷ 解答例
例 ヨーロッパの工場の稼働が止まり、外国産の自転車の輸入が停止したため、
　国産で自転車を作る必要があったから。

問 56 ▷ 解答例
例 日本が戦争に負けているといった、反戦派の声が強くなりそうな報道。
例 台風や地震といった、反戦の気持ちを生む可能性のある災害に関する報道。

問 57 ▷ 解答例
例 戦場に行く男性が増えたことから、女学生も勉強を中断して工場などに動員
　され働くようになった。

問 58 ▷ 解答例
例 裁縫（さいほう）などを学び、家庭に関することを行うこと。
例 高等学校（大学）に行くことが難しいことから、社会で活躍することよりも
　家庭のために尽くすことが求められた。

問 59 ▷ 解答例
例 戦闘機が戦争に用いられるようになったから。
例 戦闘機を載せるために大型の戦艦を整備する必要があったから。

問 60 ▷ 解答例
例 戦後の日本は経済的に苦しかったため、セーラー服を買える家も少なかった
　から。
例 戦時中に工場が空爆を受けたため、セーラー服を生産するのが難しかったか
　ら。

問61　戦後、新聞の発行部数が増加していった理由として考えられることを書きなさい。
　　　　　　　　　　　　　　　　　　　　　　　　　（2021年　武蔵中）

問62　21世紀に入り、新聞の発行部数が減少している理由として考えられることを書きなさい。
　　　　　　　　　　　　　　　　　　　　　　　　　（2021年　武蔵中）

問63　2021年はアジア・太平洋戦争が終わって76年目となります。この戦争で孤児となった子どもたちについては、分からないことも多くありました。近年、新たな調査方法によって、全国各地の戦争孤児の実態や、施設でどのような暮らしをしていたかが分かってきました。この調査は、旧石器時代から明治・大正時代までの発掘調査や残された文書の研究などの調査とは異なる方法で行われました。しかし、この調査方法は近い将来には行うことができなくなります。この調査方法とはどのようなものか、考えて答えなさい。
　　　　　　　　　　　　　　　　　　　　　　　（2021年　鷗友学園女子）

問64　1920年頃に流行したスペイン風邪について、政府は以下のように国民によびかけました。これを読んで、「歴史の教訓」とは何かを考え、あなたの意見を述べなさい。
・「病人はなるべく別の部屋に」
・「芝居　寄席※1　活動写真※2などには行かぬがよい」
・「汽車　電車　人の中ではマスクせよ　外出の後はうがい忘るな※3」
※1　落語などの講演が行われる場所　※2　映画　※3　忘れてはならない
　　　　　　　　　　　　　　　　　　　　　　　（2021年　光塩女子学院）

問61 解答例

[例] 成人して家を出た人が引っ越し先で新聞をとるようになったから。

[例] 戦後の物不足が解消されたことで新聞が発行しやすくなったから。

問62 解答例

[例] インターネットの普及など、新聞以外の手段で情報を手に入れることができるようになったから。

[例] 新聞の購読料が高く、他の情報手段の方が費用を安く抑えられるから。

問63 解答例

[例] 当時孤児だった人から直接話を聞いたり、対話したりする方法。

[例] 孤児が暮らしていた施設で働いていた人やそこで一緒に暮らしていた人から聞く方法。

問64 解答例

[例] 病気の流行を防ぐ方法は、今も当時も変わらないので、言い伝えなどを重んじるべきだ。

[例] 真理を示す正しいものは時代を経ても通用することから、古いからと否定するのではなく、正しいものを受け継いでいく気持ちを持つべきだ。

問65　次の正倉院の修理記録の年表から気付いたことをあげなさい。

| 西暦 | 正倉院の修理記録 |
|---|---|
| 970 年ごろ | 最初の修理が行われる |
| 1031 年 | 強風によって倉の一部がこわれたため修理が行われる |
| 1057 年 | 東大寺全体の修理が行われる |
| 1079 年 | 修理が行われる |
| 1100 年 | 修理が行われる |
| 1143 年 | 修理が行われる |
| 1193 年 | 点検の時に雨もり発見、宝物を別の倉へうつして修理が行われる |
| 1230 年 | 倉の一部がこわれたため修理が行われる |
| 1243 年 | 雨もり発見、宝物を別の倉へうつして修理が行われる |
| 1603 年 | 徳川家康が倉の修理を行う |
| 1663 年 | 東大寺から要望　1666 年に修理が行われる |
| 1690 年 | 東大寺から要望　1693 年に修理が行われる |
| 1831 年 | 東大寺から要望　1836 年に修理が行われる |
| 1875 年 | 修理が行われる |
| 1877 年 | 修理が行われる |
| 1882 年 | 修理が行われる |
| 1884 年 | 修理が行われる |
| 1889 年 | 修理が行われる |
| 1900 年 | 修理が行われる |
| 1913 年 | 創建以来はじめての全解体修理が行われる |

（2022 年　藤女子）

問66　昔の日本では、人の年齢を数えるときに、「数え年」というやり方を用いていました。「数え年」は、今の日本の年齢の数え方とは異なり、生まれたらその時点で1歳であり、最初の1月1日を迎えると2歳になり、次の1月1日を迎えると3歳になる、という年齢の数え方なのです。

　　この「数え年」は、歴史を勉強するときには、今の私たちの年齢の数え方より優れていると考えることもできます。では、そのように考えられるのは、なぜですか。わかりやすく説明しなさい。もし必要であれば、「年代」という言葉を用いること。　　　　　　　　　　（2023 年　カリタス女子）

問 65 解答例

例 定期的に修理が行われていたことがわかる。

例 江戸時代に修理を行うときには許可を得ていたことがわかる。

例 全解体修理が行われたのが建築してから 1100 年以上経ってからと、長く維持できる作りであったことがわかる。

問 66 解答例

例 その人の生まれた年代と、その人の生きていたときに起こった出来事の年代が わかれば、その人の誕生日やその出来事の起こった日付がわからなくても、「その出来事が起こったとき、その人は何歳だった」とはっきりと言えるから。

例 七五三といった伝統行事は数え年で行われるため、数え年で子どもの年齢を考えれば、七五三といった伝統行事を行う年かがいつかわかりやすいから。

問67　国家による「対外交流の衰退」とは、具体的には歴史上のどのようなことを述べているか、考えられる例を挙げなさい。

問68　表中の点線の左と右では、肖像画に選ばれる人たちにどのような違いが見られますか。

| 紙幣 | 肖像の変化 | | | | |
|---|---|---|---|---|---|
| | 1983年以前 | 1984年～ | 2000年 | 2004年～ | 2024年～ |
| 一万円札 | 聖徳太子 | →福沢諭吉 | → | 福沢諭吉 | →渋沢栄一 |
| 五千円札 | 聖徳太子 | →新渡戸稲造 | → | 樋口一葉 | →津田梅子 |
| 二千円札 | | | 紫式部 | | |
| 千円札 | 伊藤博文 | →夏目漱石 | → | 野口英世 | →北里柴三郎 |
| 五百円札＊ | 岩倉具視 | | | | |

＊1982年から硬貨に変更される

（2022年　昭和女子大附属）

問69　海外との関わりをもった日本人を1人取り上げ、その人物（実際に海外に渡っていなくてもよい）について、下の例で示された形式に沿いながら4枚のスライドを作成しなさい。解答欄のもっとも左のスライドに紹介する人物名を書き、その他3枚のスライドのいずれかに関わった国の名前を盛り込むこと。なお、対象は奈良時代から江戸時代の間に活躍した人物とする。

| 支倉常長 | 仙台藩主の伊達政宗に仕えた | 慶長遣欧使節としてメキシコ経由で太平洋を横断 | ローマ教皇に謁見した |
|---|---|---|---|

（2021年　公文国際学園中等部）

問70　1926年12月、「大正」から「昭和」に元号が改められ、1989年1月には「昭和」から「平成」に元号が改められました。あなたが、日本の「昭和」のころの歴史について本を書くことになったら、あなたは「昭和」を「昭和時代」とひとつの時代として描きますか、それとも「昭和」をいくつかの時期に分けて描きますか。どちらかを自由に選び、ひとつの時代として描くならその理由を述べなさい。また、いくつかの時期に分けて描くなら、どのように分けるかを述べ、そのように分ける理由も述べなさい。

（2021年　カリタス女子）

問67 ▶ 解答例
㋺ 遣唐使の派遣を停止したことで中国へ使者を送る機会を減らしたこと。
㋺ 元寇により中国が日本へ侵攻を試みたこと。
㋺ 豊臣秀吉による朝鮮出兵で朝鮮との関係が悪化したこと。
㋺ 江戸幕府により貿易の制限が行われたこと。

問68 ▶ 解答例
㋺ 以前は政治的に活躍した人物を選んでいるが、現在は文化面で活躍した人を選んでいる。

問69 ▶ 解答例

| 歌川広重 | 『東海道五十三次』などの作品を残した。 | オランダを通して作品がヨーロッパに伝わった。 | ゴッホなどの西洋画家の画風に影響を与えた。 |
|---|---|---|---|

| 阿倍仲麻呂 | 遣唐使として中国に渡った。 | 唐の皇帝に評価され、日本に帰国できないまま中国で一生を終えた。 | 日本に帰れない無念さを和歌に遺した。 |
|---|---|---|---|

問70 ▶ 解答例
㋺ 私は戦前と戦後の2つの時期に分けます。戦前は天皇主権、戦後は国民主権と主権者が変わり、国民の立場が大きく変わったから。
㋭ 私は1つの時代として考えます。他の時代と比べても64年は短く、分けて区別する必要は無いと思うから。

問71 「地域歴史遺産はそこに『ある』ものではなく、人々の思いによって地域歴史遺産に『なる』ものである。」とはどういうことか。身近な地域歴史遺産の例を用いて説明しなさい。

※地域歴史遺産は「その地域の歴史や文化を理解するために大事なもの」であり、あらゆるものが地域歴史遺産になると問題文に書かれている。

（2021年　神戸大学附属中等教育学校）

問72 次の史料は、江戸時代末期に活躍した福井藩の橋本左内が15歳（満14歳）のときに人生の指針として著したとされる『啓発録』です。福井県内の多くの中学校では、そのことにちなんで「自分の啓発録」を書いています。もしあなたが中学校入学にあたり、「自分の啓発録」を書くとしたら、どのようなことを書きますか。自分の言葉で答えなさい。

| 啓発録 |
| --- |
| 一、稚心を去る |
| 一、気を振う |
| 一、志を立てる |
| 一、学に勉める |
| 一、交友を択ぶ |

（2021年　國學院大學久我山）

問73 日本人は、日本古来の文化と外来の多様な文化を重層的に共存させてきたといわれてきています。「重層的に共存している」とはどのようなことですか。この特色にあてはまることがらを、私たちの一生や一年をめぐる生活の中から、いくつか例をあげて説明しなさい。　（2021年　立教池袋）

01 地理地形
02 地理産業
03 歴史分野
04 公民分野
05 国際社会
06 SDGs問題
07 AL問題

問 71　解答例

例 近くにある古墳です。古墳は昔の人々の様子を知ることができるし、小高い
　　山になっているので子ども達が遊んだりと憩いの場としても活かせるから。

例 災害の跡を残している石碑は、自然災害の厳しさを伝えるとともに、災害に
　　備える姿勢を持たせてくれるから。


問 72　解答例

例 社会の役に立つ

例 親への感謝を持って行動する


問 73　解答例

例 年末にキリスト教の行事であるクリスマスを受け入れる一方で年始に神道の
　　行事である初詣を行うといったように、外来の宗教と日本古来の宗教が日常
　　生活に溶け込んでいること。

例 私たちは主に食事で箸を使うが、一方で洋食ではナイフやフォークを使うと
　　いったように、日本や外国の文化にこだわらず状況に応じて食事の方法を変
　　えることができること。

# 04 公民分野

01 地理地形

02 地理産業

03 歴史分野

04 公民分野

05 国際社会

06 SDGs問題

07 AL問題

問1　世界の多くの国と同じく、日本も国民主権の原則を採用しています。日本で国民主権の原則に当てはまる私たちの権利のひとつを、以下の語句を用いて説明しなさい。

「国会」　　　　「年齢」

（2021 年　聖園女学院）

問2　『あたらしい憲法のはなし』に「まずみんなが十分にじぶんの考えをはなしあったあとで、おおぜいの意見で物事をきめてゆくのが、いちばんまちがいがないということになります。そうして、あとの人は、このおおぜいの人の意見に、すなおにしたがってゆくのがよいのです。」のように世の中では物事を決めることが多いですが、このような決め方には問題点もあります。それはどのようなことか、答えなさい。　　　　（2023 年　成蹊中）

問3　次の一般企業の募集広告には、平等権や社会権に照らして適切でない内容がふくまれています。平等権と社会権の観点から、どのような問題点があるのかを説明しなさい。

| 職種 | ○営業職（正社員）　　10 名 |
| --- | --- |
|  | ○女性秘書（正社員）　若干名 |
| 勤務 | ・10:00 〜 15:00 に出社していれば、 |
|  | 　出勤・退勤時間は応相談 |
|  | ・週 53 時間勤務 |
| 待遇 | 固定給、初年度は月額 15 万円 |
| 選考 | ・説明会および筆記試験を実施 |
|  | ・女性秘書は面接を実施 |
| 条件 | 労働組合に入る人は不可 |
| 応募 | 履歴書　12 月 24 日（土）必着 |

（2023 年　海陽中等教育）

問4　日本国憲法によって平等権が保障されているものの、現実にはいまだ男女の違いによって不利益をこうむることもしばしばある。「男である」「女である」という理由で受ける不利益に関して、思いつくことを答えなさい。

（2021 年　跡見学園）

問 1　解答例

例　一定の年齢になれば国会議員として立候補し、自分の意見を主張できること。

例　一定の年齢になれば国会が発議した憲法改正に対して自分の意見を示すことができること。

問 2　解答例

例　話し合いをするための時間が必要なため、すぐに決断しなければならないことへの対応が難しいこと。

例　おおぜいの人の意見を聞くといっても少数派の意見が反映されにくい場合がある。

問 3　解答例

例　秘書だけ女性と性別で差をつけること。

例　労働組合に入れないこと。

例　週 53 時間勤務と勤労条件が法律に反している。

問 4　解答例

例　会社の重役や内閣の国務大臣を務める女性の割合が低い。

例　女性は育児休暇が取りやすいが、男性は取りにくい。

問5　「私たちの権利は、昨年の新型コロナウイルス感染症の感染拡大により、さまざまな制限を受けることになりました。」について、私たちは何の権利をどのように制限をかけられたか説明しなさい。

（2021年　桐蔭学園　2023年　日本工業大学駒場）

問6　新型コロナウイルスへの対応において、人権を守るという観点から気をつけるべきことや取り組むべきことは何ですか、具体例をあげて、理由とともにあなたの考えを書きなさい。　　　　　　　　　　　（2021年　茗渓学園）

問7　以下は、ある日の教室での会話です。

> 令子　私は合唱祭で最優秀賞をとることにすべてをかけて頑張っているのに、和子ちゃんは私と同じくらいまで一生懸命やってくれないのはおかしい。
> 和子　私は合唱祭も頑張っているし、部活動や習い事、勉強まで全部頑張っているつもりだよ。

　あなたは日本国憲法の「調整する」という考え方に沿ってこのできごとを解決しなければなりません。このとき、あなたは令子さんに対してどのように説得しますか。考えて答えなさい。　　　　　　（2021年　山脇学園　改）

問8　「自由」は私たちの暮らす社会にとって、また私たち自身にとっても無くてはならない大切な権利です。一方で、その「自由」が否定的にとらえられることも実際に少なくありません。そうした「自由」が否定的にとらえられている状況を、自身の経験をふまえて具体的に説明しなさい。

（2021年　聖光学院）

01地理地形　02地理産業　03歴史分野　04公民分野　05国際社会　06SDGs問題　07AL問題

問5 解答例

⑩ 学校に行けず自宅学習やリモート授業をしたことで教育を受ける権利に制限がかけられた。

⑩ 不要不急の外出の自粛が求められ、祖父母のところに帰省しづらくなり、身体の自由に制限がかけられた。

⑩ 飲食店の営業時間が制限されたことで、経済活動の自由に制限がかけられた。

問6 解答例

⑩ 飲食店の営業時間やお酒の提供を自粛させられたことで経済活動の自由が制限されたので、国や自治体は制限がかけられた分の負担を保証するべきである。

⑩ ワクチン接種の有無によって社会から攻撃を受けることのないように、国や自治体は情報管理を徹底し、誰がワクチン接種したかが分からないようにするべきである。

問7 解答例

⑩ 和子さんにも色々なことに取り組む権利があり、その中で合唱祭の練習に取り組んでいるのだから、これ以上の要求をするのは難しいと思う。

⑩ 令子さんが合唱祭で最優秀賞をとることを目指すのはいいことだが、自分の主張を無理に押しつけようとするのは良いことではないと思う。

問8 解答例

⑩ 自習時間は自由に勉強しようと思ったが、先生から勉強する内容を指定されたこと。

⑩ 公園で自由に遊んでいいといわれたにもかかわらず、ボールを使って遊ぶのは危険だからと遊ばせてもらえなかったこと。

問9　「国民主権」、「平和主義」、「基本的人権の尊重」の三つはあわせて「日本国憲法の三大基本原理」とよばれています。この三つがすべて大切であることは当然ですが、それでももし、「基本的人権の尊重」がほかの二つ以上に大切であると主張するとしたら、どのようなことを根拠に主張できるでしょうか。端的に答えなさい。　　　　　　　　（2022年　江戸川学園取手）

問10　日本国憲法の三大原則のひとつに基づいて考えると、国民として最も重要なのは、三権のうち、どの機関に対してどのような行動をすることであると言えますか。機関の名称を書き、将来、あなたの意見を政治に反映させる方法を説明しなさい。　　　　　　　　（2021年　筑波大学附属中学）

問11　日本国憲法の三大原則のなかから、自分の生活でもっとも関係が深いと思うものを1つ選び、どうしてそう思ったのか、その理由を簡単に説明しなさい。　　　　　　　　（2023年　佐野日本大学中等教育）

問12　国民が政治に参加して意見を反映させる方法として「選挙で投票する」というものがありますが、それ以外に「請願」や「陳情」という方法もあります。以下の資料をもとに、選挙で投票する以外にも様々な政治参加の方法があることによって、社会全体にとってどんなメリット（利点）があると考えられるか述べなさい。

〈選挙以外に自分たちの意見を政治に反映させる方法〉
請願：個人や団体が国会や地方議会に直接意見や要望を伝えるしくみ
陳情：個人や団体が地方議会や首長に直接意見や要望を伝えるしくみ

〈様々な請願や陳情の例〉

| 年 | 地域 | 内容 |
| --- | --- | --- |
| 2016年 | 神奈川県横須賀市 | 小学生が「ボール遊びなどが自由にできる公園を増やしてほしい」という陳情を市議会に提出 |
| 2019年 | 東京都板橋区 | 小学生が「サッカーや野球ができるグラウンドを利用できる日数や時間を増やしてほしい」という陳情を区議会に提出 |
| 2020年 | 大分県別府市 | 外国人留学生の団体が、地球温暖化を防止する対策をするよう求める請願を市議会に提出 |

（2022年　神奈川学園）

問 9 ▶ 解答例

例 基本的人権の中には参政権や身体の自由などがある。参政権がなければ国民主権を行使する機会が失われ、身体の自由がなければ政府の指導の下で本人の意思に反することを強制させられるおそれがあるから。

例 国民主権や平和主義がなくても自分の意思で行動することができるが、基本的人権がなければ政府の命令によって自由な行動や人間らしい生活ができなくなるおそれがあるから。

問 10 ▶ 解答例

例 国会に対して自分の意見を通すために、選挙で積極的に投票するよう心がける。

例 自分の主張や人権を守ってもらうために、国民審査で自分の考えに近い裁判官を支持し、異なる考えを持つ裁判官を罷免させようとする。

問 11 ▶ 解答例

例 基本的人権です。病気やケガをした時に保険を通して医療費の負担の一部を補ってくれているから。

例 平和主義です。現在起きているロシアのウクライナ侵攻を考えると、改めて平和主義の重要性について考えさせられたから。

例 国民主権です。独裁者の政治に苦しめられている国があることを知ると、私たちは主権によって権力者の動きをけん制しているため不幸な目にあっていないと感じられるから。

問 12 ▶ 解答例

例 自分たちの意見を直接伝えることができる。

例 自分たちの意見がより早く反映させられる可能性があること。

例 自分たちにとってより身近なことについて訴えることができる。

問13　およそ30年後の日本の将来を考えて、国会や地方議会でさまざまなテーマが話しあわれています。そのうち次の1〜3のテーマから1つを選び、問題とされている内容を簡単に説明しなさい。

　　　1. 気候変動　　　2. 少子高齢化　　　3. 労働と雇用

（2023年　青山学院横浜英和）

問14　あなたは国会議員になる人にはどのような知識や経験が必要だと思いますか。　　　　　　　　　　　　　　　（2023年　芝浦工業大學柏中学校　改）

問15　原子力発電所について、以前は、経済産業省に置かれた資源エネルギー庁が推進を行い、原子力安全・保安院が規制を行ってきました。現在は、環境省の外部に置かれた機関として、原子力規制委員会が内閣や他の行政機関から独立して設置されています。原子力規制委員会が内閣や他の行政機関から独立して設置されているのは何のためか、説明しなさい。

（2022年　鷗友学園女子　改）

問16　以下のグラフは「自衛隊における女性隊員の人数の推移」をあらわしたものです。たしかに自衛隊は女性の割合が少ない職業であるといえます。しかしグラフの通り、その人数は時の流れとともに増えてきていることがわかります。実際に防衛省は、全自衛官のうち女性の割合を増やすことを目標にかかげています。女性の自衛官が増えることでどのような利点が生まれてくると思いますか。自衛隊の仕事内容を考えながら答えなさい。

　　■女性自衛官の推移

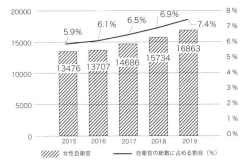

（資料：防衛省「防衛省における女性職員に関する統計資料」より作成）

（2022年　桜美林中）

問13 解答例

1 ⑳ 地球温暖化の影響でゲリラ豪雨や台風といった災害による被害が大きく
なっていること。

⑳ 地球温暖化の影響でこれまで日本に生息しなかった毒性の強い生き物が
生息するようになり子ども達の被害が増えるおそれがあること。

2 ⑳ 少子高齢化が進むことで高齢者の介護が十分にできないこと。

⑳ 少子高齢化が進み人口が減少することで労働力不足が起きること。

3 ⑳ 重要な役職に就く女性の比率が低く、雇用における男女格差が大きいこ
と。

⑳ ブラック企業のように、法律を守らない労働を課す会社が存在すること。

問14 解答例

⑳ 医療や教育といった、特定の分野どれか1つでもいいので国民のためになる
政策を考えることのできる専門的な知識。

⑳ 多くの国民が苦しんでいることを理解し共感するという経験を通して、国民
に寄り添った考えを持つこと。

問15 解答例

⑳ 原子力発電所の規制を内閣や他の行政機関からの介入を受けずに行うため。

⑳ 原子力発電所の利用について、政府主導ではなく国民など様々な視点から考
えるようにするため。

問16 解答例

⑳ 被災地での救助や避難所での支援において、女性が対応した方が、( 手を差
し伸べる対象が子どもや女性の時に ) 望ましい状況がある。

⑳ 男性だけでは偏った考えが生まれるおそれがあるが、女性自衛官が増えるこ
とで多様な考えが広がり、災害時の復興支援でもきめ細かい対応ができる。

⑳ 災害時に女性が多く集まるところへ女性自衛官を積極的に派遣することで、
被災者の心理的負担を少しでも和らげることができる。

問17　選挙で投票した国会議員が、任期中に国民の意見に合った仕事をしてる
　　　かどうか、その仕事ぶりをくわしく知りたいと思ったら、あなたならどうし
　　　ますか。具体的な方法をあげて、説明しなさい。　　（2022年　東京女学館）

問18　世界が連帯して何か物事を決めていく際、しばしば「多数決」という手
　　　段を用いることがあります。「多数決」において我々が注意するべきことは
　　　何か説明しなさい。　　　　　　　　　　　　　　　（2021年　横浜女学院）

問19　参議院議員の選挙区選挙の「1票
　　　の格差」について、次の図を参考に
　　　して、1票の格差を小さくするため
　　　には、あなたなら、どのような方法
　　　を考えますか。ただし、以下の《条件》
　　　を満たすこと。

　※有権者数の少ない鳥取県と島根県、高知
　　県と徳島県は2つの県を1つの選挙区と
　　する「合区」を採用している。

《条件》
　・参議院議員の総定員は現行と同じ248名であること。
　・日本国憲法第四十六条で「参議院議員の任期は六年とし、三年ごとに議員
　　の半数を改選する。」とあるので、この憲法の規定は変えられないこと。
　・すでに実施されている「合区」は解答から除外すること。

　　　　　　　　　　　　　　　　　　　　　　　（2023年　頌栄女子学院　改）

問17 解答例

[例] 新聞などのマスメディアの報道やネットニュースを通してその議員の政治活動を確認する。

[例] その国会議員のホームページやSNSをチェックし、どのような仕事をしているかを確認する。何もしていなければ更新できないはずである。

問18 解答例

[例] 賛成か反対かの二者択一ではなく、様々な選択肢があるようにする。

[例] 賛成派の意見だけでなく、反対派の意見も参考にする。

問19 解答例

[例] 合区や都道府県選挙区を廃止し、全都道府県を1つの選挙区にすること。

[例] 当選人数の多い都道府県は3年ごとに、当選人数の少ない都道府県は6年に1度改選することで、各都道府県の当選人数の調整を行う。

[例] 当選人数が奇数の都道府県は6年に1度、当選人数が偶数の都道府県は3年に1度改選することにして当選人数の調整をする。

[例] 8つの地方をそれぞれ選挙区にして、当選人数の調整を行う。

問20 多数決はたくさんある決め方の一つでしかありません。例えば3人の候補者がいる場合に、1位には3点、2位には2点、3位には1点をつけ、最高得点の者を当選者とするボルダ・ルールという方法があります。以下はボルダ・ルールに関する文章です。これを読んで(1)〜(3)に答えなさい。

　ボルダが指摘したのは次のようなことだ。いま1人の有権者が投票用紙に1人の名前を書く、いわゆる普通の多数決を考えてみよう。有権者は21人、選挙の立候補者は「X、Y、Z」の3名だ。そして結果は「Xに8票、Yに7票、Zに6票」だったとする。多数決で勝つのは最多の8票を獲得したXだ。この結果によれば、有権者のうち8人がXを、7人がYを、6人がZを1位と判断したわけだ。だがもし彼らが2位以下を図表1-1のように考えていたとしたら、勝者がXとなるのは果たして適切だろうか。

図表1-1

|  | 4人 | 4人 | 7人 | 6人 |
|---|---|---|---|---|
| 1位 | X | X | Y | Z |
| 2位 | Y | Z | Z | Y |
| 3位 | Z | Y | X | X |

(1) 波線部のようにXが勝者になるのがおかしいのは、なぜですか。
(2) 図表1-1の結果であったとき、ボルダ・ルールにもとづいて考えると、X、Y、Zのうち誰が何点で当選しますか。
(3) ボルダ・ルールが多数決より優れている点は何か。考えて答えなさい。

(2021年　神奈川学園・広尾学園・山脇学園)

問21 政党やその他の団体などが資金を出して、テレビやラジオで流す勧誘CMに、一定の規制を設けた方が良いとの指摘もあります。それにはどのような理由があると考えられるか、説明しなさい。

(2022年　鷗友学園女子　改)

01 地理地形
02 地理産業
03 歴史分野
04 公民分野
05 国際社会
06 SDGs問題
07 AL問題

問20 ▶ 解答例

(1)  例 Xが1位ではあるが、他の13人がXを3位にしているように、支持していない人も多数いるから。

　　 例 Yは1位の人数がXより1人少ないが、2位でYを選ぶ人が多く、全体的に見てYの方が支持されている可能性が高いから。

(2)

　　X（3×8＋2×0＋1×13＝37）

　　Y（3×7＋2×10＋1×4＝45）

　　Z（3×6＋2×11＋1×4＝44）

　　とYが当選する

(3)  例 自分の意見が幅広く採り入れやすいため、結果に不満を唱える人が少なくなりやすい。

　　 例 支持している人だけでなく不支持の人も明らかになりやすいため、全体的な評価で結果が出やすい。


問21 ▶ 解答例

例 多くの資金を持っている団体のCMはよく目にするので、有権者はそのCMの影響を受けやすくなってしまうから。

例 CMが多く流れると、国民が冷静な判断ができず、自身の考えを反映した投票ができなくなるおそれがあるから。

問22 単純な多数決は必ずしも望ましい結果に結びつくとは限らないと考えられています。国民主権のもとで、多数決を用いて物事を決める場合、どのような点に注意しなければならないでしょうか。次の眞理子さんの学級日誌を参考にして、あなたの考えを説明しなさい。

【学級日誌】

□月×日（△曜日）

日直：眞理子

今日は、修学旅行の行き先をクラスで決めました。いつも元気に発言するクラスメイトが「大阪の方が楽しそう」と言って、みんながついていってしまい、行き先が大阪に決まってしまいました。次の表はその時の黒板のメモです。

| 修学旅行の行き先 | 先生が出した意見 | 投票結果 |
|---|---|---|
| 大阪 | 関西の文化を知ることができる。 | 30人 |
| 広島 | 戦争の悲惨さを実感し、平和学習ができる。 | 5人 |

私は「勉強するための旅行なのだから、平和について学習できる広島の方がいい」という自分の意見が出せず、とても残念でした。

（2021年　大妻多摩中）

問23 多数決の決め方には様々な問題があります。これについて、以下の問いに答えなさい。

(1) 資料1は6家族内の希望についてまとめたものです。この結果の場合、和食と中華料理、どちらの方がよいか。理由をふくめて答えなさい。

| | 和食希望人数 | 中華料理希望人数 |
|---|---|---|
| Eさん家族 | 3 | 4 |
| Fさん家族 | 2 | 3 |
| Gさん家族 | 0 | 2 |
| Hさん家族 | 1 | 2 |
| Iさん家族 | 4 | 1 |
| Jさん家族 | 5 | 1 |

(2) Kさんたち5人は、英会話の勉強会を夏休みに10回開くことにしました。公民館の部屋を借りるので、使ったあとで必ず1人が掃除をしてごみ捨てにいくというあとかたづけをする必要があります。多数決で決めることにしたら、Lさんにやってほしい人が4人、Kさんにやってほしい人が1人だったので、Lさんが10回分のあとかたづけをすることになりました。LさんはKさんに投票していました。

このような決め方には、1人の負担が大きい仕事の分担を多数決で決めた、という点に問題がありました。このような問題が起きないようにするには、あとかたづけをする1人をどのように決めるのがよいでしょうか、決め方を説明しなさい。

（2021年　東京成徳大学中学校）

**問22** 解答例

[例] 多数派の意見が正しいとは限らないので、少数派の意見も聞き、議論を行って投票すべきだと考える。

[例] 1人の意見や勢いだけで決めるのではなく、十分に話し合ってから多数決を行うべきである。

**問23** 解答例

(1)

[例] 和食希望人数が15人、中華料理希望人数が13人であることから、和食を選ぶべきである。

[例] 6家族中4家族が中華料理を希望していることから中華料理を選ぶべきである。

(2)

[例] 10回分を5人で均等に2回ずつ取り組むことを最初から決めておくべきである。

[例] 1人2票ずつ持ち、投票された回数だけ掃除を担当した方がよい。

問24　新しいクラスで親睦を深めるために行う遠足について、クラスの「みんなの意見」をよく反映した行き先に決めよう、ということになりました。行き先を決める前に、「みんなの意見」をどのように把握したら良いか、という議論になりました。

「みんなの意見」をよく反映した行き先を決めるにあたって、X・Y・Zの主張をもとに、①～③の方法を考えました。あなたは①～③の方法を、どのような順番で組み合わせるのが良いと思いますか。その順番を示し、その順番にした理由を説明しなさい。

X　「あなたはどこに行きたいのか」と問われれば、それぞれ行きたいところを答えるに違いない。まずは一人ひとりの意見を聞くべきだと思う。

Y　多くの人はどこでも良いと思っている。元々「どこかに行きたい」という意見を強く持っている人の意見を、まずは聞くべきだと思う。

Z　「どこに行きたいか」と尋ねただけでは、その場で思いついた表面的な声で決まってしまうこともある。遠足の目的や意識まで踏まえて、意見をまとめていくべきだと思う。

① 目安箱を設置して意見を決めよう。

② 全員にアンケート調査をして意見を集めよう。

③ みんなが信頼できる人を選び、その人たちが代表として考えていくことにしよう。
（2021 年　早稲田高等学院　改）

問25　次の資料は、国会議員を決める選挙での年代別の投票率をまとめたデータです。

| 年代 | 10代・20代 | 30代 | 40代 | 50代 | 60代 | 70代 | 80代以上 |
|---|---|---|---|---|---|---|---|
| 投票率（％） | 35% | 44% | 58% | 63% | 72% | 72% | 46% |

この選挙に立候補し当選するためにはどのような人々に向けてどのような政策をかかげるとよいと思いますか。上のデータをもとに考えて答えなさい。
（2022 年　名古屋経済大学市邨中学校）

問26　市民は選挙を通して政治に参加します。しかし、選挙の他にも、さまざまな方法で市民は政治に参加することができます。選挙以外に市民の考えを政治に反映させる手段にはどのようなものがありますか。文章で説明しなさい。
（2022 年　洗足学園・森村学園）

01 地理地形　02 地理産業　03 歴史分野　04 公民分野　05 国際社会　06 SDGs問題　07 AL問題

問 24 ▶ 解答例

例 ②→①→③の順に決めるようにすれば、クラス全員の意見を広く採り入れることができるため不満が出る可能性が低いから。

例 ③→①→②の順に決めるようにすれば、代表者に任せることで議論する時間を抑えることができ、早く決めることができるから。

問 25 ▶ 解答例

例 高齢者に向けて、介護や年金を充実させる政策を訴えることで、高い投票率の層からの支持を取り付ける。

例 若い人たちに向けて、子育ての支援を充実する政策を訴えることで、投票率の低い層の投票率を上げ、自身への支持を求める。

問 26 ▶ 解答例

例 国や地方の行政機関や議員に、要望を伝える。

例 規定の署名を集めて、直接請求を行う。

例 パブリックコメントで意見を表明する。

問27　大型の国政選挙がないことについて、「政権が安定して、移ろいやすい民意に振り回されることなく政策を実行できる」と考えれば、「選挙がない期間が長いことは望ましい」と、とらえることができます。一方でこの状態を「望ましくない」と、とらえることもできます。「望ましくない」と、とらえる場合、どのような理由が考えられるかを説明しなさい。　　　　（2023年　茗溪学園）

問28　日本国憲法は、第92条から第95条までの章を設けて、地方自治を保障しています。昌子さんは、「全国から代表の議員が集まる国会があるのに、なぜ市議会という規模の小さな議会が大切にされているのだろう。」と、疑問に思いました。次の昌子さんの学級日誌を参考にして、なぜ国の政治とは別に、地方自治が重視されているか、あなたの考えを説明しなさい。

○月×日（△曜日）日直：昌子
　今日、先生から、それぞれのクラスが文化祭で研究する展示内容が発表された。なんと、どのクラスも全部同じテーマで、「地方自治」にすると、勝手に決められてしまった。クラスの間で不平等がないように、先生たちが決めたそうだ。
　クラスでは不満がいっぱいだった。陽子さんは、「やりたい研究をクラスのみんなで話しあっていたのに。決め方として間違っている。」と怒っていた。秀子さんは、「私たちのクラスは、社会科が苦手な人が多いけど、生き物にくわしい人が多いのに。クラスの強みを活かした、良い発表にしたかったな。」と残念そうだった。
　そこで、私たちが選んだ学級委員長たちが、自分たちで決めなおすことができるように、先生と交渉してくれた。
　私は、はじめ残念に思っただけだったけど、実際に自分たちの力で自分たちの問題を解決できるのを見て、学級の活動に興味を持てた。いままで興味がなかったけど、クラスで話し合っていたおかげで変わったのかな。

（2022年　大妻多摩中）

問29　現在、日本の地方自治体は様々な問題に直面しています。例えば、以下のような問題を抱える地方自治体があります。

若者が都心部に流出し、集合住宅の住人の高齢化が進んでいる。

この問題に対して、地方自治体はどのような取り組みをすべきでしょうか。あなたの考えを具体的に書きなさい。　　　　（2023年　サレジアン国際）

問30　なぜ一極集中が地方の高齢化・過疎化進行の原因になるのか、説明しなさい。　　　　（2021年　獨協埼玉）

問 27 解答例

[例] 選挙がない間は国民にとって納得のいかない政策を進めても不満を訴えることが難しい。

[例] 政権交代が起こる心配がないので、政権にとって都合のよい政策を進められ、国民の利益に還元されないおそれがある。

問 28 解答例

[例] 身近な地域の問題は、その地域に住む住民が理解し、自治を行うことで解決することができるから。

[例] 身近な地域の問題だからこそ、自分たちの住んでいる地域の現状を理解し、よりよい解決策を考えることができるから。

問 29 解答例

[例] 一定期間その都市に住めば住宅などの費用を免除するといった政策を唱える。

[例] 使われなくなった農地を整備して移住者に提供することで、移住先での仕事に困らないようにする。

問 30 解答例

[例] 大都市に移住しやすいのは若い人たちであり、高齢者は地方に取り残される可能性が高いから。

[例] 大都市に人が集まると設備などが充実するため、さらに大都市に集まる人が増える一方で、地方にお金が十分に回らなくなり土地から離れる人が出てくるおそれがあるから。

問31　首都の一極集中を解消するべく「副首都構想」というものが議論されています。その理由の１つに日本の危機管理の問題があるといわれています。そこで危機管理上の具体的な事例を挙げて、首都一極集中の良くない点を説明しなさい。

　　　　　　　　　　　　　　　　　　　　　　　　（2023 年　埼玉栄）

問32　もしあなたが地域に根ざしたスポーツチームを立ち上げることになったとしたら、どのようなチーム名をつけますか。チーム名とともに、その由来を、ホームタウンとする地域の特徴が分かるように考えて説明しなさい。

　　　　　　　　　　　　　　　　　　　　　（2022 年　國學院大學久我山）

問33　次の２つのまちや地域づくりを目指していくうえで、あなたの暮らすまちや地域で課題となると考えられることを答えなさい。
　　ア　安心・安全に暮らせるまちや地域づくり
　　イ　歴史と伝統、そしてそれらを受け継いだ魅力あるまちや地域づくり
　　　　　　　　　　　　　　　　　　　　　　　（2022 年　昭和学院　改）

問34　地方自治体の中には会社や工場を誘致しようとさまざまな取り組みをしているところがあります。茨城県のつくば市は国の研究機関と筑波大学を中心とする「筑波研究学園都市」を創りました。次の資料はその取り組みについてまとめたものです。この取り組みは民間企業、筑波大学の両方に利点があるので現在多数の民間企業が進出していますがその利点とは何ですか。企業側、学園側それぞれの視点から簡単に説明しなさい。ただし、２つとも同じ内容を解答してはいけません。

| 「筑波研究学園都市」の取り組み |
| :--- |
| 1　都市を研究学園地区・周辺開発地区の２つに分け、研究学園地区に研究・教育施設を集めた。 |
| 2　都市環境を整備して、研究者の生活が都市内で完結でき、研究に専念しやすい街づくりをしている。 |
| 3　筑波大学と民間企業の共同研究のしくみとして、筑波大学に民間企業から研究者や研究費を受け入れる制度がある。 |

　　　　　　　　　　　　　　　　　　　　　（2021 年　青山学院横浜英和）

01 地理地形　02 地理産業　03 歴史分野　04 公民分野　05 国際社会　06 SDGs問題　07 AL問題

問31 解答例

[例] 地震のような大災害が起こった際、首都機能が一カ所に集中していると機能が停止して適切な対応ができないおそれがあるから。

[例] 現在世界では紛争などの対立が起こっているため、首都機能が集中しているところを対立している国が重点的にねらってくるおそれがあるから。

問32 解答例

[例] 岡山県に「チーム桃太郎」を立ち上げます。岡山県は昔話の桃太郎の発祥の地と言われ、またももの生産量も上位だから。

[例] 鳥取県に「チーム砂場」を立ち上げます。鳥取県は一般の人が入れる砂丘では日本最大の鳥取砂丘があり、多くの観光客が訪れるから。

問33 解答例

ア [例] 街灯を設置しているところが少なく、夜になるとまちが暗くなること。

[例] 通学路に歩道が少なく、子ども達が車に近づくくらいの距離で登校していること。

イ [例] 古墳とか歴史的建造物があることが分かっていても、具体的な調査が行われていないこと。

[例] 伝統工芸に従事している人の多くが高齢者で、若い人が受け継ごうとせず、伝統が廃(すた)れるおそれがあること。

問34 解答例

【企業側】

[例] 学園側の研究機関と連携して開発を進めることができるため、安い費用で質の高いものを開発できる。

[例] 企業の開発技術の向上のために、学園に学びに行きやすい。

【学園側】

[例] 研究環境が整備されているため、質の高い研究を進めることができる。

[例] 都市環境が整備されているため、家族と安心して生活することができる。

問35　現在では新型コロナウイルス感染症拡大の影響により、自由に旅行をすることが難しくなった。あなたが地方自治体の首長だったら、旅行に来たくても来られない人に対して、どのような企画を考えますか。

（2022年　昭和学院　改）

問36　次のメモは、今後神戸市を活性化させるアイデアについて話しあったとき、出てきた意見をまとめたものです。メモを参考にしながら、よりよい地域活性化の方法について、「人口」に注目して考えて答えなさい。

《　メ　モ　》

・人口が減少している地域では、地方自治体が使える予算が限られてくるため、なるべく早く対策を行う必要がある。

・最近、明石市など周辺地域による子育て支援に向けた取り組みが特に注目されている。

・神戸市は、国際貿易港を中心にして発展した歴史を持つ。また、外国人住民の占める割合が全国有数に高い国際都市である。

（2023年　甲南女子・中学校）

問37　福岡市は、ごみ収集に対する市民の満足度が98％です。このように満足度が高い理由の一つに、家庭ごみの収集方法が挙げられます。【資料7】は、福岡市のホームページにある「家庭ごみの出し方」（一部）です。

【資料7】福岡市のホームページにある「家庭ごみの出し方」（一部）

> 夜間に収集しますので、決められた日の日没から（暗くなってから）夜12時までに出してください。

　　夜間にごみを収集する場合、日中にごみを収集する場合と比較して、どのような利点があると考えられますか。

（2021年　鷗友学園女子）

問38　滋賀県では右図のように、琵琶湖を自転車で一周する「ビワイチ」の取り組みをすすめています。このような取り組みは、滋賀県にどのような利点がありますか。

（2022年　近江兄弟社中）

### 問35 解答例

[例] 観光に行けない人の代わりに自治体の職員が観光の名所などを回った動画を配信して、観光に行ったような気分にさせる。

[例] 宿泊施設に割引券を提供することを呼びかけ、感染症が落ちついたら積極的に観光地に来て宿泊してもらえるようにする。

### 問36 解答例

[例] 幼稚園や小中学校の給食費無料など子育てのしやすい政策を進めることで、労働年齢人口をふくむ家族の流入により人口を増やすことを目指す。

[例] 外国人労働者が住みやすい町にすることで、外国人を中心に人口を増やすことを目指す。

### 問37 解答例

[例] 夜間は車の通行が少なく、渋滞に困ることなくごみ収集車がごみを回収できる。

[例] カラスは夜に活動しないので、カラスにごみを荒らされずに済む。

### 問38 解答例

[例] 琵琶湖を自転車で一周することで健康促進が図れる。

[例] 琵琶湖を一周する中で滋賀県の様々な魅力を知ることができる。

[例] 琵琶湖の湖岸に流れているごみなどを見ることで環境への意識を高めることができる。

問39 「NIMBY（ニンビー）」という言葉があります。NIMBY とは「Not In My Back Yard（ノット・イン・マイ・バック・ヤード）」の略語で「自分の家の近くには存在してほしくない」という意味です。例えば、ごみ処理場のように私たちが生活するうえで欠かせないが、その建設についてはさまざまな理由により行政と近隣住民との合意形成が難しい施設などがこれにあてはまります。

　このような施設についての議論のなかで、NIMBY 施設を特定の地域に固定しようとする意見がある一方、施設を一定期間おきに移転するべきだとする意見があります。

　「特定の地域に固定する」場合か「数年おきに場所を移転する」場合のどちらか 1 つを選び、考えられる良い点・悪い点をそれぞれ答えなさい。

（2022 年　栄東）

問40　沖縄県にアメリカ軍基地が多くあることで、沖縄県民の生活にどのような問題が起きているか、説明しなさい。

（2023 年　法政大中・文教大学付属・東京女学館）

01 地理地形
02 地理産業
03 歴史分野
04 公民分野
05 国際社会
06 SDGs 問題
07 AL 問題

問 39 解答例

[例] 特定の地域に固定する場合、時間をかけて周辺をごみ処理のしやすい環境にすることができるが、ごみ処理場から避けようとして近くに人が住まなくなるおそれがある。

[例] 数年おきに場所を移転する場合、住民の負担をできるだけ均等にすることができる上に特定の地域だけ環境が悪化される心配が薄れるが、移転するために多くの費用が必要になる問題がある。

問 40 解答例

[例] アメリカ軍の戦闘機の離発着の騒音に悩まされる。

[例] アメリカ軍人と一緒に生活することで治安や生活への不安が生まれる。

問41　沖縄県の経済は、ながらくアメリカ軍が駐留することで生まれる雇用や消費などにたよる「基地経済」への依存度が高いといわれてきました。一方、米軍基地が沖縄の経済に大きく貢献しているとはいえないという意見もあります。後者の意見が出る理由について、次のグラフと表をふまえて述べなさい。

グラフ：沖縄県民総所得に占める基地関連収入の割合の推移

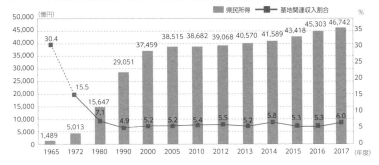

表：基地跡地利用における経済効果と雇用者数の比較

| 現在は日本に返還されているアメリカ駐留軍用地跡地 | 沖縄県への経済効果（億円／年） | | 雇用者数（人） | |
|---|---|---|---|---|
| | 返還前 | 返還後 | 返還前 | 返還後 |
| A地区 | 52 | 1634 | 168 | 15560 |
| B地区 | 34 | 489 | 159 | 4636 |
| C地区 | 3 | 336 | 0 | 3368 |

（グラフ・表ともに『沖縄から伝えたい。米軍の基地の話。Q&A　Book　令和2年版』より引用・作成）

（2023年　逗子開成　改）

問42　日本の領土の0.6％の面積しかない沖縄に70％のアメリカ軍基地が集中していることが原因の「基地問題」があります。このことに関して、2022年にNHKが行った世論調査の結果によると、「どちらかといえば、おかしいとは思わない」と「おかしいとは思わない」という意見の合計が、沖縄でも13％あります。沖縄に住む人々がそう考える理由は何でしょうか。あなたの考えを書きなさい。　　　　　　　　　　　　（2023年　西武学園文理）

問43　通常、「反対」の対義語は「賛成」であるにもかかわらず、沖縄での辺野古基地建設について議論する際には、選挙などで、「反対」派と「容認」派と表現されることがあります。なぜ「賛成」派ではなく「容認」派と表現するのか、説明しなさい。　　　　　　　　　　　　　　　（2023年　聖光学院）

01 地理地形
02 地理産業
03 歴史分野
04 公民分野
05 国際社会
06 SDGs問題
07 AL問題

問 41 解答例

[例] 雇用者数が増えているが人数は多いとは言えず、また基地関連収入割合も減少しているから。

[例] 米軍基地における沖縄県への経済効果は増えているが、基地関連収入割合は減っているので、米軍基地があることによるよい影響はそれほど見られないから。

問 42 解答例

[例] 沖縄で住む多くの人が生まれてからアメリカ軍基地があり、人々の日常に溶けこんでいるから。

[例] 日本以外の国の船が沖縄の近くを航行しているため、アメリカ軍によって守られているという感覚があるから。

問 43 解答例

[例]「賛成」では積極的に受け入れるように見られるが、騒音などアメリカ軍基地移転にはいくつもの問題を抱えているため積極的な賛成ではないから。

[例]「賛成」では積極的に受け入れられているように見えるが、そうではない島民も多くいるため、表現が近い「容認」とすることで基地受け入れを認めているような表現を人々に植えつけたいから。

問44　現在、国が1年間に必要とするお金は、国民が納める税金だけでは足りません。今後もこの傾向は強まると考えられ、その理由の一つに少子高齢化があります。なぜ少子高齢化によって税金が不足すると考えられるのか、理由を説明しなさい。　　　　　　　　　　　　　　（2021年　雙葉中）

問45　八丈町勢要覧から人口構成を示す図に関して、なぜ20～24才の人口が少ないのか、その理由を説明しなさい。

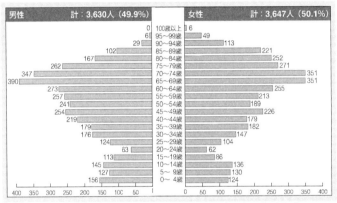

（八丈町勢要覧「はちじょう2019」より）

（2021年　早稲田実業）

問46　寿命には「平均寿命」と健康上の問題がなく日常生活を送ることができる期間をあらわす「健康寿命」があります。「平均寿命」と「健康寿命」の差が大きくなることで生じる問題を説明しなさい。　　（2023年　獨協埼玉）

問47　高齢化の進行によって今後「2025年問題」が起こると言われています。どのようなことが考えられますか。「2025年には～」という書き出しで、次の語群の語句をすべて用いて、説明しなさい。
　　　語群【3割　年金　介護　働く世代】

（2021年　普連土学園）

問44 ▶ 解答例

例 高齢化が進むことで介護や年金の負担が増すため、社会保障関係費への歳出に税金を多く使う必要があるから。

例 少子化が進むことで労働力の減少が起こり、税収が減るおそれがあるから。


問45 ▶ 解答例

例 大学進学のために島から離れた人たちが就職も進学先で決め、島に戻ってこないから。

例 町に残っても仕事を得にくいため、仕事を求めて町から離れてしまうから。


問46 ▶ 解答例

例 不健康で体が動かせない期間が長くなるため、医療費や介護費などの費用が多くなるおそれがある。

例 健康寿命が短いと労働できる期間が短くなり、産業の停滞を生むおそれがある。


問47 ▶ 解答例

例 2025年には65歳以上の高齢者の割合が3割を超え、介護や年金などにかかる政府の支出が増えるため、働く世代の負担が増えることが考えられる。

例 2025年には65歳以上の高齢者の割合が3割を超え、政府が介護や年金にかかる負担を抑えるために働く世代の引き上げをするため定年制の廃止を行う可能性がある。

問48　貧困状態で暮らさなければならない人がいることに対して、「その人の努力不足の結果であり、個人の責任の問題である」という意見があります。以下の人権以外で、日本国憲法が保障する人権を一つあげ、この意見に対する反対意見を考えて書きなさい

- ・思想や信教の自由　・教育を受ける権利　　・仕事に就いて働く権利
- ・言論や集会の自由　・政治に参加する権利　・裁判を受ける権利

（2022 年　雙葉中）

問49　子ども食堂の１日は、下の表のようになっています。子ども食堂でこのような時間割が組まれているのは、子どもの成長にどのようなことが必要だと考えられているためでしょうか。お腹を満たすこと以外で答えなさい。

| ある子ども食堂の１日の例 | |
|---|---|
| 14:00 ～ | 開店（子どもたちが集まる） |
| 14:00 ～ 15:00 | 宿題 |
| 15:00 ～ 15:30 | おやつ |
| 15:30 ～ 17:00 | 大学生のボランティアとの外遊び |
| 17:00 ～ 18:00 | 夕食の調理と準備 |
| 18:00 ～ 19:00 | 夕食 |
| 19:00 ～ 19:30 | 後片付け |
| 19:30 ～ 20:30 | 将棋教室、英語教室、紙芝居 |
| 21:00 ～ | 閉店（子どもたちが帰る） |

（2021 年　麻布中）

問50　「児童」を酷使してはならない理由を挙げて述べなさい。

（2023 年　光塩女子学院）

01 地理地形
02 地理産業
03 歴史分野
04 公民分野
05 国際社会
06 SDGs問題
07 AL問題

問 48 解答例

[例] 日本国憲法には平等権があるが、男女差別や障害者への差別が根強くあるために賃金などの労働環境に格差がある。こうした格差を無くすためにも、雇用においては能力を基準に行うよう進めていく必要がある。

[例] 現在の日本にはブラック企業が存在し、安い賃金で長時間働かされるといった対価に見合わない労働をさせられることがある。日本国憲法には労働三権が保障されていることからも、労働組合を通して環境を改善するべきである。

[例] 元々の経済環境が理由で塾や習い事といったお金がかかる教育を十分に受けられない環境にいる子どもが多く存在する。日本国憲法には生存権があるが、「文化的」な考えを、だれもが公正な機会が得られることを基準にした方がよい。

問 49 解答例

[例] 大学生などと交流する機会を増やすことで、人とのコミュニケーションを図る機会を増やすため。

[例] 日常生活で行うことを取り組ませることで、1人でも生活できるようにするため。

問 50 解答例

[例] 児童が学校に通って勉強する時間をけずられてしまうから。

[例] 児童の健康的な生活や成長がさまたげられるから。

[例] 児童が労働する現場でさまざまな危険にあうかもしれないから。

[例] 児童がしたいことができないため、将来的に自分の考えを持たない人間が増えるかもしれないから。

問51　2022 年 4 月には改正少年法が施行されました。この法律では 18 歳以上の少年が重大な罪を犯した場合、実名報道が可能となりました。あなたは罪を犯した 18 歳以上の少年の実名を報道すべきと考えますか。

(2023 年　愛知淑徳中学)

問52　右図のピクトグラムにはどのような固定概念があると考えられますか。下の会話文を読み、説明しなさい。

太郎：東京オリンピック開会式ではピクトグラム 50 個の連続パフォーマンスが話題になったね。

花子：ピクトグラムってなに？

太郎：ピクトグラムというのは、絵や図で書かれた案内図や標識、看板のことだよ。

花子：それなら見たことがある！　トイレの入り口にある絵なんかのこと？　あれって左右で色が違うよね。

太郎：そう。あれはピクトグラムの代表的な例だね。トイレのピクトグラムは、1964 年の東京オリンピックで日本語が読めない外国人のために採用されたことで世界中に広まったそうだよ。

(2022 年　自修館中等教育学校　改)

01 地理地形
02 地理産業
03 歴史分野
04 公民分野
05 国際社会
06 SDGs 問題
07 AL 問題

問 51 解答例

例 実名報道をするべきだと思う。犯罪を起こした人が近くにいるかいないかが分かるだけでも安心した生活ができるから。

例 実名報道をするべきだと思う。犯罪を起こしたことを反省することで、社会復帰した際に社会貢献をしようとする気持ちになるから。

例 実名報道をするべきではないと思う。最近はインターネットを通して犯罪者のプライバシーが明かされ、その家族にまで被害が及ぶおそれがあるから。

例 実名報道をするべきではないと思う。実名を報道することで反省して社会復帰したとしても、犯罪を犯したことが知られることで仕事が得られず再び犯罪を起こすおそれがあるから。

問 52 解答例

例 女性はスカートをはくという偏見。

例 性別と色を結びつけること。

問53 日本はさまざまな理由によりジェンダー平等の点で世界から遅れている
といわれています。日本の男女格差が大きいことを、次の二つの資料を用い
て説明しなさい。

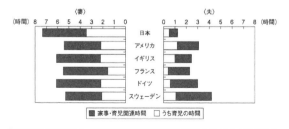

【資料1】6歳未満の子供を持つ夫婦の家事・育児関連時間(1日当たり)

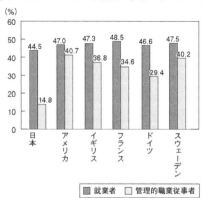

【資料2】就業者および管理的職業従事者*に占める女性の割合

(「男女共同参画白書　令和2年版」を引用)

(2021年　品川女子学院　改)

問54 次の表を見て、あなたがジェンダーの観点から問題だと思うものを選び、
その理由を説明しなさい。

| 男子は女子よりも理数系の能力が高い | 48% |
| 女子は男子よりも行儀が良い方がいい | 46% |
| 女子は男子よりも料理ができた方がいい | 44% |
| 女子は家の手伝いをするものだ | 32% |

(公益社団法人ガールスカウト日本連盟「ジェンダーに関する女子高校生調査報告書2020〜声をつなぐ〜」より)

(2023年　中村中　改)

問53 解答例

[例] 欧米に比べて夫が家事や育児に関わる時間が短く、管理的職業従事者に占める割合が低いこと。

[例] 妻と夫における家事や育児にかける時間の差が他の国に比べて最も高いことに加え、女性の就業率が欧米と大きく変わらないにも関わらず管理的職業従事者の占める割合が低いこと。

問54 解答例

[例] 女性の役割の固定化につながり、差別を助長するおそれがある。

[例] 女性はこうあるべきだという偏見から、固定観念が強まるおそれがある。

[例] 女性の立場を固定化することで、女性の可能性を奪うおそれがある。

問55 ジェンダーギャップ指数の調査結果で、教育・健康に比べて経済・政治の点数が低くなっている主な原因は何でしょうか。

（2023年　西武学園文理　改）

問56 近年マイクロアグレッションという考え方が注目されています。これは、日常のなにげない言葉の中にあらわれる、無意識の偏見や差別のことです。次の文には、どのような偏見や差別が隠れているか説明しなさい。

> 女の子なのに理科や算数が得意なのはすごいね。

（2023年　普連土学園）

問57 理系で活躍する女性は「リケジョ」と呼ばれてメディアの注目を受けることがありますが、「リケジョ」という紹介の仕方には賛否両論があります。「リケジョ」という言葉を用いることについて、あなたは賛成ですか、それとも反対ですか。あなたの意見を述べなさい。その際、以下の【データ1】・【データ2】を参考にしなさい。

【データ1】

東京大学の学部別女性教員割合（2008年10月時点）

文系［教育 25.7％、文 15.2％、教養 13.2％］理系［理 7.3％、農 6.9％、工 5.3％］

(出典:『東京大学におけ女性研究者の参加加速に係る基本理念　知の頂点を築く豊かな多様性』)

【データ2】

東京大学の学部学生数（2021年5月現在）

| 課程 | 前期 | 後期 | | | | | | | | | | 合計 |
|------|------|------|------|------|------|------|------|------|------|------|------|------|
| 学部 | 教養 | 法 | 医 | 工 | 文 | 理 | 農 | 経済 | 教養 | 教育 | 薬 | |
| 男 | 5284 | 716 | 418 | 1920 | 577 | 602 | 470 | 673 | 341 | 140 | 124 | 11265 |
| 女 | 1348 | 210 | 108 | 222 | 209 | 58 | 155 | 135 | 166 | 87 | 70 | 2768 |
| 計 | 6632 | 926 | 526 | 2142 | 786 | 660 | 625 | 808 | 507 | 227 | 194 | 14033 |

※黒地に白文字で表した学部は、いわゆる「理系」とみなされている学部。
※東京大学では、前期課程（1・2年生）で様々な学問分野について学んだことを通して得た興味・関心に基づいて自らの学部を選び、後期課程（3・4年生）では各自の所属する学部で専門性の高い内容を研究するというカリキュラム（教育計画）になっている。

（2023年　開智中　改）

01 地理地形
02 地理産業
03 歴史分野
04 公民分野
05 国際社会
06 SDGs問題
07 AL問題

問 55　解答例
⑩ 女性の国会議員が少なく、企業の重役における女性の割合も低いから。
⑩ 女性の社会進出が遅かったため、経済・政治における重要な役職に就く女性
　 が少なかったから。

問 56　解答例
⑩ 女子は理数系科目が苦手という偏見・差別。
⑩ 女子が理系科目が得意というのは意外であるという偏見・差別。

問 57　解答例
⑩ 「リケジョ」と呼ぶことに賛成です。資料を見ると理系学部の男女比が大きい
　 ことが分かるので、特別な存在として扱うことで、女性の関心を生むと考え
　 られるから。
⑩ 「リケジョ」と呼ぶことに賛成です。医療の現場では女性の比率が低いことで
　 女性の患者が辛い思いをすることがあるので、女性医師を増やすためにも「リ
　 ケジョ」という言葉で関心を持つ機会を作った方がいいから。
⑩ 「リケジョ」と呼ぶことに反対です。「リケジョ」と呼ばれることでそうした
　 女性が特別な目で見られるおそれがあり、むしろ理系を目指す女性が減るお
　 それがあるから。
⑩ 「リケジョ」と呼ぶことに反対です。「リケジョ」と特別な表現をすることは
　 理系を目指す女性の比率が低いことを示すことになり、あえて比率の低い理
　 系を目指そうとしなくなるから。

問58　ジェンダーについて見ていく中で「男らしさ」「女らしさ」について考え
　　　る必要があります。これについて、以下の問いに答えなさい。

　　(1) 男の子が就きたい職業に「スポーツ選手」、「刑事」、「学者」などを挙げ
　　　ることが多いがそれと「男らしさ」はどう関係するか、考えて答えなさい。

　　(2)「女性の活躍を進めることは、女性のためばかりでなく、『男らしさ』に
　　　苦しんでいた男性を解放することにもつながる」とはどういうことですか。
　　　説明しなさい。

　　(3)「男らしさ」「女らしさ」を意識することで、自分らしく生きることや自
　　　分らしくふるまうことができない事例を挙げなさい。

　　　　　　　　　　　　　　　　　　　　　　　　　（2021 年　森村学園　改）

問59　日本で開催されたオリンピックでは、卓球や水泳など多くの種目で男女
　　　混合チームが結成されるなど、男女平等について考える機会がありました。
　　　現在の日本がさらに男女平等を進めるべきところはどんなところでしょう
　　　か。あなたの考えを述べなさい。　　　　　　　　（2022 年　足立学園）

問60　歳出における国債費の割合が増えていくと、どのような問題が起きると
　　　考えられるか。　　　　　　　　　　　　　　　（2023 年　田園調布学園）

問61　消費税はだれにでも同じ税率である。このような消費税は公平か、不公
　　　平か、あなたはどちらだと思うか、理由をふくめて説明しなさい。

　　　　　　　　　　　　　　　　　　　　　　　　（2021 年　学習院女子中等科）

01 地理地形
02 地理産業
03 歴史分野
04 公民分野
05 国際社会
06 SDGs問題
07 AL問題

問 58 ▶ 解答例

(1) 例 努力し強くなったり、競争に勝ち評価されたりすることを求める男らし
　　　　さ。

　　　例 男性の持つ身体的能力を活かして社会に貢献していくという男らしさ。

(2) 例 女性が男性のように稼ぐことが難しい現状では、その分男性により多く
　　　　稼ぐことが求められやすく、その重圧に苦しんでいる男性もいる。女性
　　　　の収入が上がれば、そういった男性にかかる重圧を和らげることができ
　　　　る。

　　　例 男性は家事などを女性に任せる割合が高い代わりに社会に出て働き、貢
　　　　献しなければならないというプレッシャーが自然とかけられ、精神的に
　　　　苦しんでいる場合がある。そこで女性が社会で活躍すれば、男性が家事
　　　　などに専念できる環境が生まれ、プレッシャーから解放されることが期
　　　　待できる。

(3) 例 スカートをはくのは好きではないのに、「女の子なのだから」と着用を強
　　　　いられた。

　　　例 ピンクのランドセルを背負いたかったのに、「男の子なのだから」と黒い
　　　　ランドセルを持たせられた。

問 59 ▶ 解答例

例 育児や家事における男女の負担の差が大きいので、男女どちらも育児休暇を
　取りやすくして、仕事と育児の両立ができるようにするとよい。

例 政治分野におけるジェンダーギャップが大きいので、男女ともに一定数の当
　選ができるようにすることで、男女による政治家の偏りをなくした方がよい。

問 60 ▶ 解答例

例 他の分野に使える予算が減る。

例 返済できないと思われると日本の円の信用が下がり、景気が悪化するおそれ
　がある。

問 61 ▶ 解答例

例 同じ金額の買い物をしても支払う消費税はみんな同じなので公平である。

例 同じ金額の買い物をしても支払う消費税は同じだが、所得が異なれば負担の
　大きさも異なるので不公平である。

問62 現在、新型コロナウイルスの感染拡大で日本の経済に大きな影響が出ています。この場合の政府の対策について述べた次の文章について、空欄Iには自分がふさわしいと思う語句を○で囲み、IIには適語を簡潔に答えなさい。

「消費税率を I （上げて / 下げて）困っている人に

II 「　　　　　　　　　　　　　　　　　　」

（2021年　愛知中学校）

問63 コロナ対応への補償として国が行った政策を一つあげなさい。

（2021年　三輪田学園）

問64 税金は公共のものから利益を得られる人ほど多く負担するべきだという考え方がありますが、どの人がどれだけの利益を公共のものから得られているかを数字で示すことは難しく、実現していません。一方で、収入を調べることはそれほど難しくないため、実際には以下に示した例のように税金を払う能力がある人ほど多く納めることになっています。このような仕組みに対して賛成する意見も反対する意見もありますが、賛成する意見を挙げなさい。

世帯A：夫、妻、子2人
・世帯年収400万円（夫の年収200万円、妻の年収200万円）
・子ども2人は公立保育園に通っている。
・収入にかかる税を世帯全体で年間7万円納めている。

世帯B：夫、妻
・世帯年収1200万円（夫の年収600万円、妻の年収600万円）
・週末は夫婦で市民体育館に行って運動をし、健康維持に役立てている。
・収入にかかる税を世帯全体で年間40万円納めている。

（2023年　麻布中）

問65 現在、国債の発行が増加している問題があります。もしも国会で国債を発行しないと決定したとしたら、あなたの生活にとって有益ですか。それとも有害ですか。どちらかを選んだ上で、具体的に理由を述べなさい。

（2023年　山脇学園）

問66 地方交付税交付金が削減されることで、住んでいる地域によって受けられる行政サービスの差が大きくなるのはなぜですか。説明しなさい。

（2021年　森村学園）

01 地理地形 ｜ 02 地理産業 ｜ 03 歴史分野 ｜ 04 公民分野 ｜ 05 国際社会 ｜ 06 SDGs問題 ｜ 07 AL問題

### 問 62 ▶ 解答例

例 消費税率を上げて困っている人に増税した分のお金を回す政策を行う。

例 消費税率を下げて困っている人が買い物をしやすい環境を作る。

### 問 63 ▶ 解答例

例 国民全員に 10 万円の特別定額給付金を支給した。

例 マスク不足で国民がマスクを買い占める中、国民全員に布マスクを支給した。

### 問 64 ▶ 解答例

例 収入の多い人が収入の少ない人の家の子どもを支えることで、将来の労働力が得られ、それが収入の多い人に巡ってくるから。

例 収入の多い人が収入の少ない人を支える仕組みを作ることで、収入が減ったとき支える側から支えられる側になることができるから。

### 問 65 ▶ 解答例

有益

例 国の借金が減っていき、徐々に国民が自由に使えるお金が増えていく。

例 国の借金が減っていけば日本の円に安心感が生まれ、円の価値が高くなる可能性がある。

有害

例 国債を発行しないことで歳入が減る一方、国債費の返済に税金が使われることが原因で、国民のためのサービスが行き届かなくなるおそれがある。

例 歳入が減るおそれがあり、それをまかなうために増税を進めるおそれがある。

### 問 66 ▶ 解答例

例 財政の乏しい地域に配分される交付金が減ることで、サービスの差が大きくなるから。

例 地方自治体によって地方税の得られる金額が異なるため、税収の少ない地域では十分なサービスを行うことができないから。

問67　2008 年度から開始されたふるさと納税制度は、ある問題を受けて、2019 年 6 月に制度の一部が改正された。これにより、いくつかの地方公共団体に対する寄付は、ふるさと納税の対象外となった。このような改正が行われることになった問題の内容を、以下の 2 つの語句を必ず使用して答えよ。

【　　　　・返礼品　　　　・寄付額　　　　】

（2021 年　目黒日大・工学院大学附属中）

問68　私たちが納めた税がまちづくりに使われています。特に現在は、少子化や高齢化に対して、どのように予算を使うかが大きな課題となっています。伸子さんが住むＡ市の地方議会では、新たに何を建設するかを話し合い、次の提案が出されました。この提案について、下の資料に触れながら、あなたの考えを述べなさい。

> Ａ市の地方議会の提案：
> 「子どもたちが利用できる児童館（児童センター）を新たに建設する」

資料：14 才以下の人口の変化

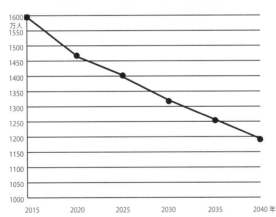

（2021 年　創価中学校）

問67 解答例

[例] 寄付額に対して見合わない高額の返礼品が支給されたから。

[例] 寄付額に対して商品券など地域性の見られない返礼品が支給されたから。

問68 解答例

[例] 少子化が進んでいる原因の１つに子どもを育てにくい環境があると考えられているので、児童館を作ることで子どもが育てやすくなり少子化を食い止めることができるから賛成である。

[例] グラフを見ても少子化が進んでいてそれを食い止めることは難しそうである。そのため、予算を組んで児童館を作るより、高齢者が暮らしやすい施設を作ることを優先した方がいい。

問69　次のグラフは、日本の 2019 年の歳入を示したものです。公債金が 3 割以上をしめています。超高齢社会と人口減少を迎える中、収入面では、借金に頼らず税収を増やしていくことが大切といえるでしょう。

例えば、企業の技術革新を刺激するために投資を増やしていくような政策をとれば、企業の収入が増え、法人税の増収が見こめます。所得税を増やすためには、日本政府はどのような政策を行う必要があると考えますか。税率を上げる以外で具体的に説明しなさい。

公債金 32.2%
所得税 19.6%
消費税 19.1%
その他収入 6.2%
その他 10.2%
法人税 12.7%

（2021 年　海陽中等教育）

問70　日本の人口は、2050 年ごろには、1 億人以下になると予想されています。人口の減少は、国や地方自治体の税収の減少につながると考えられています。そのような税収の減少は、私たちの生活にどのような影響をおよぼすと考えられますか。文章で答えなさい。　　　　　（2021 年　賢明女子学院）

問71　資本主義のメリットとデメリットを文章で答えよ。

（2022 年　目黒日大）

問72　高度経済成長の時代（1950 年代後半～ 1960 年代）、都市部を中心に労働力が不足しましたが、1980 年代と異なり、外国人労働者は増えませんでした。労働力はどのようにして補われたと考えられますか。説明しなさい。

（2022 年　麻布中）

01 地理地形
02 地理産業
03 歴史分野
04 公民分野
05 国際社会
06 SDGs問題
07 AL問題

問 69 ▷ 解答例
- 例 定年制を廃止して何歳までも働けるようにすれば、働く人の生きがいが得られることに加えて、幅広い年齢層から所得税を得ることができる。
- 例 法人税率を引き下げて企業が使えるお金が増えることで、企業が技術開発に進めて利益を上げることもできるし、労働者の賃金を上げることもできるのでいずれも所得税を増やすことが期待できる。

問 70 ▷ 解答例
- 例 道路や橋が壊れても直せなくなる。
- 例 年金などの社会保障制度が立ちゆかなくなる。
- 例 国の借金が返せなくなり、日本の経済が崩壊するおそれがある。

問 71 ▷ 解答例
- 例 メリットは手に入れた分だけの資本を得られることだが、デメリットは資本が手に入れられないと生活が苦しくなる点。
- 例 メリットは自分の好きな仕事に就くことで自由な経済活動ができることだが、デメリットは景気によって収入が大きく左右される点。

問 72 ▷ 解答例
- 例 地方から仕事を求めて上京した人が労働力になったから。
- 例 農閑期に地方から出稼ぎに来た人が労働力になったから。

問73　貧困の悪循環を止めるためには、どのような政策が必要だと思いますか。次の図を参考にして、あなたの考えを説明しなさい。

（2021年　世田谷学園）

問74　「物々交換」と比べて、お金を使用する利点を説明しなさい。

（2022年　品川女子学院）

問75　2020年、新型コロナウイルスの影響によりマスク不足が問題になりました。これについて以下の問いに答えなさい。

(1) マスクの転売が問題になり、転売を禁止する措置を出しました。しかし、通常の取引は転売禁止の対象外にした理由はどのようなことが考えられるか。

(2) マスクが不足したのはなぜか。「転売向けの買い占め」以外の理由を説明しなさい。

（2021年　公文国際学園中等部）

問76　発売元がキャラクターの二次創作活動についてほぼ自由な利用を認めているのはなぜですか。自由な利用を認めることによる発売元の利点を説明しなさい。
（2023年　大妻中野）

問73 ▶ 解答例

⑩ 非正規雇用の採用を減らし正規雇用の採用を増やすことで、親の経済的貧困を無くし、子どもに十分な教育の機会が得られるようにする。

⑩ 教育にかかる費用を国が負担することで、子どもに十分な学習機会を与え、正規雇用で十分な賃金が手に入れられる環境を作る。

問74 ▶ 解答例

⑩ 価値が変わらないため、物々交換するもの同士での交換量を変えずに済む点。

⑩ 食べ物だと時間が経つと価値が下がるおそれがあり、早めに交換しなければならないが、お金であれば長期間にわたって価値を持つことができる点。

問75 ▶ 解答例

(1)　⑩ マスク不足が深刻化していたため、通常のマスクまで転売禁止にするとマスクが市場に出回らなくなり感染拡大のリスクが高まるから。

　　⑩ 違法な方法での転売を考えていた人が通常の取引での転売をしようと考えるようになり、市場にマスクが出回りやすくなると考えたから。

(2)　⑩ 日本はマスクを中国から大量に輸入していたが、中国で感染拡大が起こると日本に輸入される予定だったマスクが中国で使われるようになったから。

　　⑩ マスクがなくなるという不安から、一般の人々がマスクの買い占めを行ったから。

問76 ▶ 解答例

⑩ キャラクターの二次創作の自由を認めることで、キャラクターの認知度や人気が高まり、キャラクター関連商品の売り上げが伸びること。

⑩ キャラクターの二次創作活動をした人によるアイデアから新しい商品のヒントが生むことができること。

問77 「安いところから輸入して、どこでもいいから買ってくれるところに売れば良い」という、個人や自分の企業だけが安易に儲けるという考えを改め、「循環型の自給的な経済の仕組み」を作り出そうとする動きが今広まっている」について、2020年からの世界情勢を経験したことで、このような新しい経済の仕組みを求める声はさらに高まったと言われています。2020年からの世界情勢の中で起きたどのようなことが、新しい経済の仕組みを求めることに繋がっていると考えられますか。具体例をあげて、説明しなさい。

(2023年　森村学園)

問78 「置き配」というサービスを提供する宅配便業者もあります。このサービスは対面での受け取りをさけ、新型コロナウイルス感染症の感染者を増やさないようにする利点があります。この利点のほかに、「置き配」のサービスが①宅配便を受け取る人にもたらす利点と、②宅配便業者にもたらす利点をそれぞれ挙げて述べなさい。　　　　　　(2023年　光塩女子学院)

問79　あなたに、次のような依頼があったとします。

> 私たちS鉄道会社は、都市近郊で列車を走らせています。しかし、赤字経営で困っているので、解決策として、蒸気機関車（SL）を走らせることを考えました。そこで、その資金を集めるためのクラウドファンディングの案を考えて下さい。

(1) クラウドファンディングで、多くの資金を集めるために、どのような特典を設けるとよいですか。

(2) 資金が集まったとして、この計画を実現するうえで考えられる問題点をあげなさい。

(2023年　昭和女子大学附属)

01 地理地形
02 地理産業
03 歴史分野
04 公民分野
05 国際社会
06 SDGs問題
07 AL問題

問 77 ▶ 解答例

㋠ 新型コロナウイルスの世界的な流行により、世界各地で工業の操業が停止したり、物流が止まるなどして、普段は輸入できたものが入ってこなくなり、値段が高騰したこと。

㋠ ロシアのウクライナ侵攻により小麦やエネルギー資源が輸入しづらくなったことで、日常生活における様々な点で問題が生じたこと。

問 78 ▶ 解答例

①宅配便を受け取る側

㋠ 家を留守にしていても受け取れるので、時間にしばられずにすむ。

㋠ 宅配便業者に会わずに受け取ることができるのでプライバシーが侵されずにすむ。

②宅配便業者

㋠ 再配達する手間をはぶくことができて、長時間労働を防げる。

㋠ 細かい配達時間を設定しないことで時間にしばられずにすむので負担を減らすことができる。

問 79 ▶ 解答例

(1) ㋠ 無料乗車券を配る。

　　㋠ SL の一部に資金を出した人の名前を載せる。

　　㋠ 乗車時にお土産を配る。

(2) ㋠ 煙で洗濯物が外に干せない。

　　㋠ 沿線住民が騒音で悩まされる。

　　㋠ 二酸化炭素の排出が増える。

問80　働き方改革の一環として、また新型コロナウイルス感染拡大防止の一環
　　　としてテレワークの導入が進んでいます。テレワークが社会にもたらすメ
　　　リットとデメリットをそれぞれ答えなさい。ただし、ウイルスなどの感染防
　　　止対策以外の内容を取り上げること。　　　　　　（2021 年　大宮開成　改）

問81　登校せずにオンライン授業を受けることの良いところは何ですか。あな
　　　たの考えを答えなさい。　（2021 年　西武学園文理・2023 年　東京女学館）

問82　日本は世界の主要国の中で、キャッシュレス決済の割合が低いと指摘さ
　　　れています。その原因の一つとして、キャッシュレス決済が利用できない店
　　　の多いことが挙げられています。店側の立場から、キャッシュレス決済を導
　　　入することに消極的な理由を、説明しなさい。

　　　　　　　　　　　　　　　　　　　　　　　（2023 年　渋谷教育学園幕張）

問83　インターネット上のニュースサイトを利用する際の注意点を答えなさい。
　　　　　　　　　　　　　　　　　　　　　　　　（2022 年　トキワ松学園）

01 地理地形
02 地理産業
03 歴史分野
04 公民分野
05 国際社会
06 SDGs問題
07 AL問題

問 80 ▶ 解答例

【メリット】

㋭ 家にいながら仕事ができることで、育児や介護を同時に行うことができ、それらを理由とした離職が減る可能性がある。

㋭ 長時間の通勤をしなくてすむため、仕事以外での負担が減少し、仕事とプライベートの両方が充実すること。

【デメリット】

㋭ テレワークを行うための設備を用意するための金銭的な負担が大きく、会社全体で進めるのが難しいこと。

㋭ 直接仕事の様子を確認することが難しいため、労働に対する評価の判断が難しいこと。

問 81 ▶ 解答例

㋭ 少し体調が悪くて学校に行ってよいか判断に悩むときでも、家にいて授業を受けることができること。

㋭ 仮に電車が止まって時間までに学校に行けなくても、家にいて授業を受けることができること。

㋭ 学習内容を理解できるまで、何度も動画を視聴したり止めたりすることができる。

㋭ 大人数の前で発表するのが苦手でも、画面上では緊張なく発表できる可能性がある。

問 82 ▶ 解答例

㋭ キャッシュレス決済のために必要な装置を用意するための金銭的負担が大きいから。

㋭ 現金の授受ができず、キャッシュレス決済だと現金化するのに時間がかかるため、いざというときのお金を用意することが難しいから。

問 83 ▶ 解答例

㋭ 間違った内容のニュースを扱っていないか、他のニュースサイトと比べる。

㋭ 自分にとって都合のいいニュースだけでなく悪いニュースを見ようとする。

㋭ 人を騙すことを目的とした勧誘サイトに入らないようにする。

問84　インターネットを使って調べ学習をする際に、インターネットから情報を得て、活用していく中で注意しなければならないことを、具体的に書きなさい。
（2023年　明治大学付属明治）

問85　インターネットでは利用している人が普段よく見ている情報をもとに、サーチエンジン（Yahoo や Google など）などの学習機能によって、利用者が好むと思われる情報が優先的に表示されます。これは捜（さが）さなくても知りたい情報が入ってくるため大変便利です。一方で、このような状況は「フィルターバブル」と呼ばれています。この言葉は、私たちがバブル（泡）の膜に包まれているような状態をたとえた言葉ですが、情報が自動的に提示されることにより、自分の興味のない情報が入ってこないことを表しています。このような状態は、私たちの民主主義社会において、大きな問題があると言われています。
　民主主義において、このフィルターバブルという状態は、なぜ問題なのでしょうか。民主主義社会がどのような社会かを述べた上で、なぜ問題なのか。説明しなさい。
（2022年　広尾学園　改）

問86　インターネットや SNS の利用の普及により、様々な問題が表面化している。これらのツールを使うとき、情報を受信する側が注意しなければいけない点について考えて答えなさい。　（2021年　芝浦工業大学柏中学校　改）

問87　近年、自然災害が起きたときに、Twitter などのソーシャルメディアが活用されています。ソーシャルメディアを利用するときに、情報を発信する側と受け取る側が共通して気を付けるべきことを答えなさい。
（2021年　日本女子大学附属）

問88　AI の発達によって今ある仕事が将来なくなる、という意見がある。身の回りで AI では代用できない仕事を1つあげ、その理由を説明しなさい。
（2023年　学習院女子·中等科）

01 地理地形
02 地理産業
03 歴史分野
04 公民分野
05 国際社会
06 SDGs 問題
07 AL 問題

問 84 ▷ 解答例
㊽ インターネットで流れている情報は信用できない嘘（うそ）の内容も流れているおそれ
　がある。そこでいくつものサイトから調べてより正しいと思える情報を探す。
㊽ 必要な情報を十分に手に入れられないおそれがある。だから、インターネッ
　トで紹介している資料を直接使うとよい。

問 85 ▷ 解答例
㊽ 民主主義は自分の意見を反映させるものだが、フィルターバブルによる情報
　の偏りが起こると、ある方向に考えを偏らせるおそれがあるから。
㊽ 民主主義は様々な考えによって議論し合うものだが、フィルターバブルによっ
　て一方の考えしか表されないと健全な議論を行うことができなくなるおそれ
　があるから。

問 86 ▷ 解答例
㊽ その情報が正しいかどうか他の情報と比べてから判断すること。
㊽ コンピュータウイルスによって情報が盗まれるおそれがあるため、セキュリ
　ティソフトをつけておくこと。

問 87 ▷ 解答例
㊽ その情報がどこから来ているのか、発信先をよく確認する。
㊽ 人々の不安をあおるような行動をしないこと。

問 88 ▷ 解答例
㊽ 学校の先生のように、多感な子どもに即座に対応できる仕事は AI では代用で
　きないと考える。
㊽ 政治家のように国民の意見を代表して行動するような仕事を AI に代用させて
　はいけないと思う。
㊽ AI は人間がする動きはできないので、スポーツ選手のように体を動かして
　人々を感動させる仕事はできないと思う。

問89　近年、「メタバース」とよばれるインターネット上の仮想空間が注目されている。資料1～4を参考にして、メタバースを利用することの長所（メリット）と、それに対する課題を考え説明しなさい。

資料1　メタバースについて

> メタバースは、パソコンやスマートフォン、ゲーム機などさまざまな機器を使って利用することができる。メタバース上には、現実とは異なる仮想空間がつくられ、あるゲームでは、メタバース上の土地が数十万円で取引されていた。2030年にはメタバースの市場規模が10兆ドルになるという予測もある。一方で、メタバースは、現実世界とは異なる自分にとって都合がよい快適な世界を形成できるとの認識もあり、メタバースを長時間利用しすぎて、現実世界との区別がつかなくなるとの指摘もある。

資料2　メタバースの利用割合

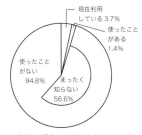

現在利用している3.7%
使ったことがある 1.4%
使ったことがない 94.8%
まったく知らない 56.6%

※四捨五入の都合で100%にならない。
（統計年次は2022年、MMD研究所資料より作成）

資料3　アバターでの活動例

ある企業では、障がいなどで外出が困難な人がアバター（自分自身の分身のキャラクター）を操作し、仮想空間サービスでの接客業務を行っている。

資料4　日本の法律について

> 日本の法律である民法では、所有権は「物」を対象としているため、デジタルデータに対する所有権は確立されていない。

（2023年　立命館慶祥　改）

問90　温暖化によって海面水温も上昇しており、それが、強い雨や記録的な大雪の増加に影響していると考えられます。それはなぜか、説明しなさい。

（2022年　森村学園）

問91　地球温暖化を防ぐために、人類は $CO_2$ を減らす努力を行っています。2020年7月1日から始まったレジ袋の有料化も、その1つです。なぜ、これが $CO_2$ を減らすことにつながるかを、分かりやすく説明しなさい。

（2022年　昭和女子・大附属）

01 地理地形
02 地理産業
03 歴史分野
04 公民分野
05 国際社会
06 SDGs問題
07 AL問題

問 89 解答例

[例] メタバースを利用している人が少なく、また市場として拡大できる部分があるため将来性が期待できる。一方で、メタバースの規制に関する法律が整備されていないため、メタバースの中で何か問題が起きても規制することができないおそれがある。

[例] メタバースのようなネット上による仮想空間であれば障がいなどで外出ができない人でも活動することができる。一方でメタバースを認知している人が少ないことと、外出できないことでメタバースの中に入り浸ることで現実と仮想の区別がつかない人が出てくるおそれがある。

問 90 解答例

[例] 気温の上昇により水蒸気が増えることで大雨や大雪が発生しやすくなるから。

[例] 巨大化した台風が発生しやすくなり大雨を降らせるから。

問 91 解答例

[例] レジ袋を有料化することで、レジ袋の使用が減れば、レジ袋を作るための石油の消費量が減り、$CO_2$ を減らすことにつながるから。

[例] レジ袋を有料化することで、レジ袋の使用が減れば、レジ袋を焼却する際に発生する $CO_2$ も減らすことにつながるから。

問92　自宅にエアコンがあったと仮定した場合、あなたが行動できる温暖化の進行を抑える取り組み（緩和策）と国が行う温暖化による人々への影響を最小限に抑える取り組み（適応策）をそれぞれ答えなさい。

（2023 年　関東学院）

問93　あなたは地球温暖化を防ぐために、どのような行動ができますか、具体的に述べなさい。　　　　（2021 年　十文字中・2022 年　横浜創英）

問94　食品の廃棄は、単にもったいないということだけでなく、地球環境問題にもつながります。どのような問題ですか。　　（2023 年　東洋英和女学院）

問95　あなたがファストフード店を利用する際に、消費者としてフードロスの削減のためにできることはなにか。　　　　　　（2023 年　中村中）

01 地理地形
02 地理産業
03 歴史分野
04 公民分野
05 国際社会
06 SDGs問題
07 AL問題

問92 解答例

(緩和策)

[例] サーキュレーターなどを併用することで、エアコンの冷気を効率良く部屋に流れるようにする。

[例] エアコンの掃除をこまめにすることで、エアコンの冷気が部屋に吹きやすいようにする。

(適応策)

[例] 節電につながる最新のエアコンを購入する際に国が補助金を出すことで、エアコンを買いやすくする。

[例] 節電をする人に対して電気料金を引き下げるように国が電力会社に働きかけることで、エアコンを使う際の節電を積極的に行ってもらう。

問93 解答例

[例] できるだけゴミを出さないように努力します。ゴミを燃やすのに大量の熱が必要なため、ゴミを燃やすだけで二酸化炭素が大量に発生し、地球温暖化につながるおそれがあります。そこで私はゴミを減らすことで熱を発生する機会を減らし、地球温暖化を抑えるようにします。

[例] 自動車の使い方に配慮します。ガソリンで走る自動車から出る排気ガスが地球温暖化の原因になっています。まだ子どもの私は自動車は運転できませんので電車などの公共交通機関を使って自動車を使う機会を少なくしたいと思います。また大人になったら排気ガスを出さない運転を心がけます。そして技術開発が進み安く手に入るようになったら電気自動車を購入したいと思います。

問94 解答例

[例] 食品廃棄のために燃やすことで出る二酸化炭素が地球温暖化を引き起こす。

[例] 不必要な食品の輸送をすることになり、フードマイレージも余計に増やすおそれがある。

問95 解答例

[例] 必要最低限なものだけ注文して、食べ残しがないようにしたり、余った分を持ち帰ったりすること。

[例] テイクアウトのときはマイバッグを持っていてレジ袋をもらわないようにしたり、ストローも受け取らないようにする。

問96　プラスチックゴミを減らすために、あなた自身やあなたの家族が取り組んでいることをあげなさい。　　　　　　　　（2023年　実践女子学園）

問97　2020年7月、レジ袋が原則有料化になりました。これについて、以下の問いに答えなさい。

(1) レジ袋を有料化することでどのような効果が期待できると考えられますか。環境問題に関することで答えなさい。　（2021年　工学院大学附属中）

(2) レジ袋は石油製品のあまった部分を使って生産するので、「地球温暖化を防ぐのには役立たない」という考えや、「家庭ではレジ袋はゴミ袋として使用できる」という考えなどから、レジ袋の有料化には反対する人もいます。みなさんが、レジ袋の有料化をすすめる立場にいた場合、このような人々をどのように説得しますか、考えて答えなさい。　　　（2021年　大妻多摩中）

(3) 海洋プラスチックの問題点を解決する新しいプラスチックの特徴を考えなさい。実際に存在するものでも、まだ実現していないものでもどちらでもかまいません。　　　　　　　　　　　　　　（2021年　森村学園）

※他に大妻嵐山・西武学園文理・多摩大学附属聖ヶ丘中学校・高輪中（いずれも2021年）で類題が出題。

問98　江東区ではすべての区民・事業者が、5R（リフューズ・リデュース・リユース・リペア・リサイクル）の取り組みを実践することで、ごみの発生と排出が抑制された環境負荷の少ない持続可能な資源循環型地域社会の実現を目指しています。

　　ごみを減らすためにあなたが普段の暮らしのなかで取り組むことができる具体的な行動を挙げなさい。　　　　　　　　（2023年　中村中）

01 地理地形
02 地理産業
03 歴史分野
04 公民分野
05 国際社会
06 SDGs問題
07 AL問題

問 96　解答例

例 なるべくマイボトルを使い、ペットボトルの商品を買わないようにする。

例 マイバッグを持って外出し、買い物の際にレジ袋をもらわないようにする。

問 97　解答例

(1)　例 プラスチックゴミが海などに流れないことで、海の生態系が破壊されずに済むこと。

例 プラスチックを処理するときに出る大量の熱が抑えられ、地球温暖化対策になること。

(2)　例 レジ袋を有料化にすることで、人々の環境に対する意識が高まるのではないでしょうか。またゴミとなったレジ袋が適切に処理されないと、海に流れて海を汚すことにもなるので、少しでも使用を減らすべきではないでしょうか。

例 レジ袋の有料化をきっかけに他の環境問題にも関心を持つ人が増え、全体的に環境問題対策につながると思います。また、どのように使ってもレジ袋などを焼却処分しなければならず、有料化にすることでその費用の一部を負担することができると思います。

(3)　例 生物が食べて消化することのできるプラスチック。

例 海水に長時間つかると溶けてなくなるプラスチック。

問 98　解答例

例 過剰包装は断る。

例 試供品など不要なものはもらわない。

例 マイ容器を使用する。

例 リサイクルショップやフリーマーケット、バザーを利用する。

例 資源を分別してから回収場所に出す。

問99　熱帯雨林を守るため「FSC 認証マーク<sup>※1</sup>」や「レインフォレスト・アライアンス認証マーク<sup>※2</sup>」が事業者に与えられています。カカオ豆やバナナの「農園」、「リゾートホテル」について、熱帯雨林の伐採以外に必要とされる配慮をそれぞれ明らかにしながら説明しなさい。

　※1　環境保全の点から見て適切で、社会的な利益にかない、経済的にも継続可能な森林管理のもと生産された原料で製造された製品を認証するマーク。

　※2　持続可能性の3つの柱（社会・経済・環境）の強化につながる手法を用いて生産されたものであることを認証するマーク。

（2021年　渋谷教育学園渋谷）

問100　なぜ水俣病は「今も終わっていない」のでしょうか。自分の考えを述べなさい。　　　　　　　　　　　　　　　（2022年　田園調布学園　改）

問101　現在、国際社会が抱えている問題として、環境問題があります。豊かな生活と環境のバランスをとり持続可能な社会を実現するために、われわれにはどのようなことができるでしょうか。次の環境問題に関するキーワードの解決に向けてあなた自身が取り組めることは何があるか、寄付以外でそれぞれ述べなさい。

【海洋汚染　大気汚染】

（2021年　城西川越）

問102　梅子さんたちは「川の水を汚さないために各自が家庭でできること」についてポスターを作成することにしました。そのポスターの見出しを考えて、答えなさい。　　　　　　　　　　　　　（2023年　湘南白百合学園）

01 地理地形 ｜ 02 地理産業 ｜ 03 歴史分野 ｜ 04 公民分野 ｜ 05 国際社会 ｜ 06 SDGs問題 ｜ 07 AL問題

問99 解答例

⑩ カカオ豆などを栽培する農家とはフェアトレード（公平・公正な貿易）を行い、農家が自然を壊さなくても生活できるだけの収入が得られるようにする。またリゾートホテルは必要以上の開発をせず、周辺の自然を守るようにする。

⑩ カカオ豆などを栽培する農家に対して農薬を使いすぎて自然破壊につながるような多くの要求をしないようにする。そのために農家に対しては十分の報酬を与えるよう配慮する。またリゾートホテルはゴミなどを出さないようにして、周辺の自然が破壊されないようにする。

問100 解答例

⑩ 現在も日常生活に支障をきたすような水俣病患者が多くいて、その苦しみがこれからも続くおそれがあるから。

⑩ 現在も水俣病が原因の損害補償についての裁判が行われていて、法律の点からも患者の生活の中に水俣病がまだ残っているから。

問101 解答例

【海洋汚染】

⑩ プラスチックゴミを出さないように、使い終わった袋をきちんとゴミとして捨てる。

⑩ 海に遊びに行ったときは、自分たちが持ってきたものを持ち帰るとともに、海岸に落ちているゴミも積極的に拾う。

【大気汚染】

⑩ 移動の際はできるだけ電車などの公共交通機関を使い、自動車をできるだけ使わないようにする。

⑩ 今自分にとって必要なものだけを買うようにして、焼却場で燃やすゴミの量を減らすようにする。

問102 解答例

⑩ 川がきれいになるときれいな水を飲むことができるよ。

⑩ 川に捨てたゴミが魚と一緒に戻ってくるよ。

問103　ＷＷＦジャパンは、国内４つの動物園の協力のもと動画を制作し、野生の生態や習性、それに伴うペットとしての飼育の難しさを解説することで、野生動物のペット化見直しを訴えるキャンペーンを始めました。

　　　ＷＷＦジャパンのホームページによると、近年、イヌやネコ以外の「エキゾチックペット」や「エキゾチックアニマル」と呼ばれる動物をペットとして飼う人が増えていますが、その中にはシマフクロウやコツメカワウソといった希少な野生動物も含まれているそうです。野生動物のペット飼育やこれに関連するビジネスは、環境的・社会的な諸問題を引き起こしています。その一例を考えて、答えなさい。

（2023年　國學院大學久我山）

01 地理地形／02 地理産業／03 歴史分野／04 公民分野／05 国際社会／06 SDGs問題／07 AL問題

問103 解答例

[例] 希少な野生動物を購入する人のために違法な捕獲が行われ生態系が破壊されるおそれがある。

[例] 希少な野生動物を手に入れても捨てたり逃げられたりして、元々住んでいたところと異なるところで生活することで在来種に被害が及ぶおそれがある。

問 104　世界文化遺産に登録されることの利点と問題点はどのようなところにあると考えられますか。石見銀山を例にとり、次の資料①と②にもとづいて説明しなさい。

資料①　大森町住民憲章

　　石見銀山のある島根県大森町（現大田市大森地区）の住民が、世界文化遺産登録直後の 2007 年 8 月に制定した憲章。

> 　　　　　　　　石見銀山　大森町憲章
> このまちには暮らしがあります。
> 私たちの暮らしがあるからこそ 世界に誇れる良いまちなのです。
>
> 私たちは
> このまちで暮らしながら
> 人との絆と石見銀山を未来に引き継ぎます。
>
> 　　　　　　　　　　　記
>
> 未来に向かって私たちは
> 一、歴史と遺跡、そして自然を守ります。
> 一、安心して暮らせる住みよいまちにします。
> 一、おだやかさと賑わいを両立させます。
>
> 　　　　　　　　　　　　　　　　平成十九年八月 制定

資料②　石見銀山観光坑道（龍厳寺間歩）見学者の推移

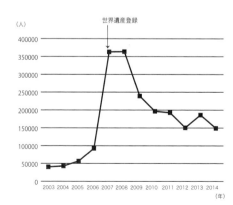

（2022 年　明治大学付属中野）

問 104 解答例

[例] 世界遺産に登録されると多くの観光客が訪れることで町の財政がうるおうが、観光客によって町民の生活が脅(おびや)かされる観光公害が起こるおそれがある。

[例] 世界遺産に登録されるとしばらくの間は多くの観光客が訪れ町はにぎわうが、徐々に観光客が減っていくため、町が観光客で一喜一憂することになる。

問105　世界遺産に登録されると、多くの人から注目されることもあり、観光客が増加することがあります。観光客が増えることは、観光業など地域経済の発展によい影響をもたらす反面、負の側面もあるといわれています。観光客の増加によりもたらされる負の側面を、文章で答えなさい。

(2022年　洗足学園)

問106　1955年から1973年にかけての高度経済成長とよばれる経済の急激な発展によって、国民の生活は豊かになりました。しかしその一方で、多くの問題も発生しました。高度経済成長によって国内で発生した問題を、環境面と人口面に着目してそれぞれ説明しなさい。　　　　　(2022年　栄東)

問107　都市でゴミとして大量に廃棄される使用済みの携帯電話で、これらの中には金や銀、レアメタルなどの有用な資源が大量にふくまれている。大量に廃棄される使用済み携帯電話や家電製品などを例えて都市鉱山と呼んでおり、日本の都市鉱山には膨大な量の金属が蓄積されている計算になる。2021年の東京オリンピック・パラリンピックは合わせて約5000個のメダルが必要で、製造に必要な金属量は金約32kg、銀約3500kg、銅約2200kgであった。今回必要な金属はすべて使用済み携帯電話や家電製品を再利用してつくられた。資料から分かる、都市鉱山を活用することの利点を説明しなさい。

資料

|  | 日本で1年間に生産されるおもな鉱物の生産量（2020年/t） | 世界で1年間に生産されるおもな鉱物の生産量（2017年/t） | 日本の都市鉱山にうまっている量（2017/t） |
|---|---|---|---|
| 金 | 7.59 | 3230 | 54000 |
| 銀 | 4.19 | 27800 | 560000 |
| 銅 | 0 | 20000 | 830000 |

(2022年　片山学園)

問108　2020年は新型コロナウイルスにより私たちの生活は大きく変わりました。これに関して、以下の問いに答えなさい。

(1) 感染を防ぐために必要なことを答えなさい。

(2) 私たちの社会において新型コロナウイルスが原因で起こったことを答えなさい。　　　　　(2021年　福岡女学院)

問105 解答例
[例] 騒音や混雑により住民の生活環境が悪化する。
[例] 入場料や宿泊料金が高くなる。
[例] 周辺の開発が進み景観が損なわれる。

問106 解答例
環境面
[例] 工場から出た廃水などが原因で四大公害病が発生した。
[例] 工場から出る廃水や排気ガスが原因で、大気汚染や水質汚濁といった生活型公害による被害が起きた。
人口面
[例] 都市部に人口が集中して過密化が進み、都市部では悪臭などの生活型公害への苦情が増加した。
[例] 都市部に人口が集中したことで地方の人口が減少し過疎化が進み、都市部と地方における格差が大きくなった。

問107 解答例
[例] 日本では鉱物をほとんど生産できないため、都市鉱山を利用することで日本の資源不足が少しは解消できるから。
[例] 世界を見ても鉱物の生産量が少なく、自然界から採取するのが難しいため、限りある資源を有効利用するためにも都市鉱山を活かす必要があるから。

問108 解答例
(1) [例] 人との距離を置く。
[例] 換気を徹底して空気の流れをよくする。
(2) [例] 人と積極的に会うことが難しくなり、気軽に旅行に行くこともできなくなった。
[例] コロナウイルスに感染した人に対する差別や偏見が生まれ、社会の分断が起きてしまった。

問109　A「新規感染者数が増えた」、B「新規感染者数が減った」と報道できるのは、どのような場合ですか。A・Bについてそれぞれ説明しなさい。

（2022年　清泉女学院）

問110　新型コロナウイルス感染者が増えてくると医療現場にはどのような影響が出てくると考えられますか。　　　　　　　　　（2022年　大妻中野）

問111　新型コロナウイルス感染拡大への対応として、「ウィズコロナ」や「ゼロコロナ」という言葉が聞かれるようになりました。次の問いに答えなさい。

※ウィズコロナ：新型コロナウイルスの感染対策をしつつ、経済活動をできるだけ通常にもどそうという考え方。

※ゼロコロナ：経済活動に強い制約を加えてでも感染拡大防止を徹底するという考え方。

(1)　朝7時から夜10時まで営業しているハンバーガーショップがあり、「ウィズコロナ」の対応策を考えているとします。

　　ア．座席数を半分に減らし間隔を広くあける。

　　イ．毎日夜8時で閉店する。

　　これら2つのうち1つだけを実行するとき、売り上げをより多く確保できるのはどちらだと考えますか。アかイで答えなさい。また、自分なりに店の状況を設定して、そのように考える理由も説明しなさい。

(2)「ゼロコロナ」の対応策として、「飲食店利用者に1人でも感染者が出た場合、その店は1週間営業を止めなければならない」という対応策が義務づけられたとします。このとき、誰のどのような権利が制約を受けると考えられますか。説明しなさい。

（2023年　清泉女学院）

01 地理地形
02 地理産業
03 歴史分野
04 公民分野
05 国際社会
06 SDGs問題
07 AL問題

問 109 ▶ 解答例

A　例 昨日よりも感染者数が増えた場合。

　　例 前週と同じ曜日よりも感染者数が増えた場合。

　　例 検査数に対する陽性率が昨日よりも増えた場合。

　　例 検査数に対する陽性率が前週と同じ曜日よりも増えた場合。

B　例 昨日よりも感染者数が減った場合。

　　例 前週と同じ曜日よりも感染者数が減った場合。

　　例 検査数に対する陽性率が昨日よりも減った場合。

　　例 検査数に対する陽性率が前週と同じ曜日よりも減った場合。


問 110 ▶ 解答例

例 感染者への対応の負担が大きくなり、十分な医療が提供できなくなる。

例 感染者への対応のために休みが取れなくなり、医療従事者の心身的な負担が
　大きくなる。


問 111 ▶ 解答例

(1)　例 アです。お客が集まりやすい時間帯も営業することで売り上げを伸ばす
　　　ことができるから。

　　例 アです。間隔を広くあけることで感染へのリスクが減り、安心して食事
　　　しようとする人が集まりやすくなるから。

　　例 イです。営業時間を集中させることで長時間働かない分人件費を抑える
　　　ことができるから。

　　例 イです。営業時間を絞ることで材料の調達も抑えられ余計な費用をかけ
　　　ずにすむから。

(2)　例 お店側です。お店としては営業したくてもできなくなるため、経済活動
　　　の自由が制約されるおそれがある。

　　例 お店で働いている人です。お店が営業できなければ仕事ができないため、
　　　勤労の権利が制約されるおそれがある。

　　例 お客さんです。お客としては行きたい店で食べたいものが食べられない
　　　ため、経済活動の自由が制約されるおそれがある。

　　例 お店に材料などを提供する卸売業者です。卸売業者としてお得意先に材
　　　料を卸せないため、経済活動の自由が制約されるおそれがある。

問112　新型コロナウイルス感染拡大で、「顔を見せないことの日常化」によってどのような問題が生じやすくなるかを考えて説明しなさい。

（2022年　光塩女子学院　改）

問113　マスクを着けているあなたが、耳が聞こえない人に対応する場合、工夫できる点を具体的に述べなさい。　　　　　（2022年　光塩女子学院）

問114　新型コロナウイルスの感染拡大によって環境への取り組みが後退したとありますが、どのような点で後退したと考えられますか。新型コロナウイルスが流行し始めてからの身の回りの生活の変化を考えて説明しなさい。

（2022年　白百合学園　改）

問115　ユウタさんは、スペイン風邪の日本における死者数が1923（大正12）年に発生した関東大震災での死者数をはるかに上回っていたにもかかわらず、スペイン風邪の悲惨さを伝えるような写真資料があまり多く残されていないことを知りました。現在の新型コロナウイルス感染症拡大により起きたさまざまな悲劇、できごと、つらかったことなどを語り継ぐためには、どのような写真を残すことが良いと考えますか。自分が撮影した写真でもそうでなくてもかまいません。下の例を参考にして答えなさい。

例）緊急事態宣言中のため、人通りが少ない渋谷のスクランブル交差点の写真。

（2022年　跡見学園）

問116　「与党にとって良い結果であった」と報道する新聞社は、選挙結果のどのような点を指して、良い結果と受け止めたと考えられますか。

（2022年　清泉女学院）

01 地理地形

02 地理産業

03 歴史分野

04 公民分野

05 国際社会

06 SDGs問題

07 AL問題

## 問 112 ▶ 解答例

- 例 顔を見せないことが当たり前になると個人が特定できず、犯罪者が増えて治安が悪化するおそれがある。
- 例 顔が分からず身元不明であることを悪用して、他人への非難や攻撃の責任を逃れられるおそれがある。
- 例 自分の表情が相手に分からなくなることで、相手から自分の気持ちを読み取れず非難の言葉をあびるおそれがある。

## 問 113 ▶ 解答例

- 例 おたがいに筆談して自分の考えを伝える。
- 例 目元の表情を見せることで、自分の感情を相手に伝わるようにする。

## 問 114 ▶ 解答例

- 例 家で食事をする機会が増えたことで、家庭ゴミが増えて廃棄物が増加している。
- 例 家にいる機会が増えたことで家にあったものを処分するようになり、廃棄物が増えている。
- 例 感染拡大への不安から電車やバスなどの公共交通機関ではなく自家用車での移動が増えたことで排気ガスも増えたこと。

## 問 115 ▶ 解答例

- 例 給食のときに前を向いて黙食しているときの写真。
- 例 保護者も在校生もいない卒業式（入学式）の写真。
- 例 家でオンラインで仕事をしている写真。

## 問 116 ▶ 解答例

- 例 前回より議席を増やすことができた点。
- 例 過半数の議席を維持し、政権交代が起こらない点。

問117　「与党にとって悪い結果であった」と報道する新聞社は、選挙結果のどのような点を指して、悪い結果と受け止めたと考えられますか。

（2022年　清泉女学院）

問118　ポスターを作って貼ること以外に、子ども達に不発弾の危険性を伝えるためにできることは何でしょうか。どこで・どのような取り組みをすれば効果があると思うか、またそれはなぜか答えなさい。

（2023年　神奈川学園）

問119　あなたの身の回りで、統一されることによって、より便利に用いることができるよと思うものを1つあげて、その内容を説明しなさい。ただし、言語の統一と文字の統一は解答しないこと。

（2022年　青山学院横浜英和）

問120　居住地や職場に障害や病気を抱えていて困っている人がいたら「積極的に助けたいと思う」「助けたいと思う」人はどのような理由からそう思っているか。考えて答えなさい。

（2021年　早稲田高等学院　改）

01 地理地形　02 地理産業　03 歴史分野　04 公民分野　05 国際社会　06 SDGs問題　07 AL問題

### 問117 解答例

[例] 前回より議席を減らした点。

[例] 過半数の議席が維持できず、政権交代が起きた場合。

[例] 3分の2以上の議席が得られず、憲法改正の発議が難しくなった点。

### 問118 解答例

[例] 学校の朝礼や終礼で不発弾など危険なものについて伝えることで、子ども達に安全への意識を持たせる。

[例] 学校の特別授業で戦争を経験した人の話を聞くことで、爆弾のおそろしさを伝えることで、不発弾に不用意に近づかないようにする。

### 問119 解答例

[例] 新型コロナウイルスの感染や重症者数の定義が統一されると、現在感染が拡大しているかどうかが分かりやすくなる。

[例] ペットボトルなどの容器の形やサイズが統一されると、すき間無く詰めることができるのでムダなスペースを作らなくてすむ。

[例] お店での支払いに全ての電子マネーが使えるように統一されると、お店によって買い物がしづらいといった不便さがなくなる。

### 問120 解答例

[例] 自分が幼いときに地域の人に助けてもらったことへの恩返しの気持ちから。

[例] 今自分が人を助けることで自分が将来困ったことがあったときに助けてもらえるという期待から。

[例] 見返りや感謝からではなく人を助けることで自分が幸せになれると感じているから。

問121　春菜：京都の観光地でおもしろい実験をやっていたよ。「ゴミ捨ての有料化」実験でね。QRコードをのせたポスターをはり、使用者はスマートフォンでQRコードを読みこんで53円、100円、500円のいずれかを選んで電子マネーでお金を払う。集まったお金でゴミ処理をする、というものよ。

　　　菜々：東京の表参道では「スマゴ」というゴミ箱があるね。ゴミがたまると自動で5分の1に圧縮するんだって。電気は太陽光発電でまかなう。ゴミ箱はインターネットにつながっていて、たまったゴミの量を把握して回収するしくみよ。

　　　京都と東京のどちらのゴミ回収にも改良できる点があります。どちらかを選び、あなたが「ここを改良すべきだ」と思う点を述べなさい。

（2023年　三輪田学園）

問122　「応援消費」が「寄付」と比べて優れているのはどのような点でしょうか。優れている点とその理由を説明しなさい。なお、「応援消費」と「寄付」の意味や種類には幅がありますが、今回の問題では以下の意味に基づいて解答すること。

　　　「応援消費」：物やサービスなどを購入する消費活動を通じて、対象となる人や組織を応援すること

　　　「寄付」：社会のための事業や組織に募金などを通じてお金を渡す仕組み

（2023年　広尾学園）

問123　飲酒運転に関して以下の問いに答えなさい。
　　(1) 飲酒運転をなくすために、実際に運転できなくする方法が考えられる。具体的な方法を答えなさい。またその方法は道具を用いても構わない。
　　(2) 実際に運転できなくする方法以外に飲酒運転をなくすために考えられる方法を考えて答えなさい。

（2021年　早稲田高等学院　改）

問121 解答例

京都

[例] 払う金額が高いので、もっと安くする。

[例] 支払う金額が様々なので１つに統一する。

[例] 支払う金額を利用者が自由に決められるようにする。

東京

[例] 太陽光発電は雨や夜では電気が作りにくいので蓄電をして夜でも稼働できるようにする。

[例] ゴミが長い間たまると悪臭が起こるおそれがあるので頻繁に回収する。

問122 解答例

[例] 対象となる人や組織を応援する際に物やサービスが受けられることで、お金を支払う人もうまみが得られること。

[例] 購入した人がSNSなどで発信することでさらに購入する人が増えて経済効果が期待できること。

問123 解答例

⑴ [例] 運転の前に運転手の呼気を調べて飲酒していないかを確認する。また運転中も顔認証を行い、偽装していないか確認できるようにする。

[例] 運転している様子をAIに判断してもらい、危険な運転と判断したら強制的に運転ができないようにする。

⑵ [例] 一度飲酒運転が発覚したら免許を取り上げるなど、厳しい処分を下すことで飲酒運転をしようという気持ちが持てないようにする。

[例] 飲酒運転の危険性を訴える映像を免許を取得するときに見せることで、飲酒運転の怖さを学ばせる。

問124 「人間中心主義によって地球全体の未来すら危うくなっている」とはどのようなことを指していますか。 (2023年　森村学園)

問125　2019年の厚生労働省の統計調査の結果が以下のようになりました。

平均所得額：552万3千円

中央値　　：437万円

なぜ、所得の「平均」金額と「中央値」にこれほどの差があるのでしょうか。その理由を考えて書きなさい。なお、平均と中央値の違いは、次の【例】を参考に考えなさい。

【例】　5人の社会のテストの点数が70点・80点・50点・60点・100点であった時、点数を全て足して、人数で割ったものが「平均」、点数順に並べて真ん中にくる数値を「中央値」といいます。

〈社会のテストの点数〉

| Aさん | Bさん | Cさん | Dさん | Eさん |
|---|---|---|---|---|
| 70点 | 80点 | 50点 | 60点 | 100点 |

①　(70+80+50+60+100)÷5＝72点が「平均」

②　50点・60点・70点・80点・100点・→70点が「中央値」

(2021年　明治大学付属明治)

問126　総務省の統計局では国が作成・公表している膨大な量の統計データをインターネット上で提供しており、統計データを使う人のための学びのサイトも作成しています。下の表は、その学びのサイトのなかで総務省が複数のグラフの種類と特徴をまとめている表の一部です。

表を見ると、円グラフと帯グラフの説明が似ていますが、円グラフに比べ、帯グラフを使用することがより適切なのは、どのようなデータを説明する場面だと考えられますか。文章で具体例をあげながら説明しなさい。

[表]

| 棒グラフ | 棒の高さで、量の大小を比較する。 |
|---|---|
| 折れ線グラフ | 量が増えているか減っているか、変化の方向をみる。 |
| 円グラフ | 全体の中で構成比をみる。 |
| 帯グラフ | 構成比を比較する。 |

総務省統計局ホームページ「なるほど統計学園」より作成

(2022年　横浜雙葉)

問 124 解答例

[例] 人間は工業生産を始めることによって、便利な商品を大量に生産できるようになった。しかしこの時、大量に化石燃料を使うことで地球温暖化を招いてしまった。このまま人間が自分たちの便利な生活を進めることは、地球の未来を壊すことにもなりかねない。

[例] 人間の欲望や自己の地位を守るために身勝手に争いを行っている。このまま対立が激しくなっていけば勝つために多くの人に危害を加えるおそれがあり、それが地球上の生物の滅亡につながるおそれがある。

問 125 解答例

[例] 所得の多い人が平均よりもはるかに多い所得を手に入れているから。

[例] 平均以下の所得を得ている人がとても多いから。

問 126 解答例

[例] 工業地帯の生産額などを表すとき、円グラフだと生産割合しか表すことができないが、帯グラフだと生産割合に加えて生産額の大小も表すことができる。

[例] 都道府県の農作物の生産割合を比べるとき、円グラフよりも帯グラフの方が並べて比較できるため、生産額の割合の違いが分かりやすい。

# 05 国際社会

問1　国連本部の中にかざられているモザイク画の中には、「人にしてもらいたいと思うことは何でも、あなたがたも人にしなさい」という聖書のことばが引用されています。この絵には、どのようなメッセージがこめられているでしょうか。国連の役割を考えて説明しなさい。　　　（2023年　東京女学館）

問2　国際連合の安全保障理事会は常任理事国の拒否権を認めています。拒否権を認めていることには問題もありますが、利点もあると考えられます。利点とはどのようなことか、以下の条件に従って説明しなさい。

〔条件1〕国際連合が中心となって、国際的な諸問題を平和的に解決していくためには、どのようなことが必要かについて、述べること。
〔条件2〕第二次世界大戦を防げなかった国際連盟の反省とは何か、具体的に触れること。

（2023年　鷗友学園女子）

問3　国際連合は発足から80年近くになり、世界の情勢は、発足当初とは異なります。安全保障理事会の改革など、国際連合には様々な改革が必要だという意見もあります。この立場から、国際連合の具体的な改革案を、安全保障理事会の改革以外で挙げなさい。　　　（2023年　鷗友学園女子）

問4　国際連合のあり方が問われている今、軍事面以外においても、国際連合が国際問題を解決するために貢献しているものもたくさんあります。その例を具体的に一つあげなさい。　　　（2023年　森村学園）

01 地理地形
02 地理産業
03 歴史分野
04 公民分野
05 国際社会
06 SDGs問題
07 AL問題

問1 ▶ 解答例
例 民族や人種、宗教などを超えて、人々がともに生きる世の中を実現するために、お互いに思いやり、心を合わせて協力していこうというメッセージ。

例 世界が様々な困難を乗り越えて平和を築くために、自分たちができることを他人のためにする一方、自分のできないことを他人にしてもらうことでお互いに支え合おうというメッセージ。

問2 ▶ 解答例
例 平和的な解決のためには外交が必要である。国際連盟では、常任理事国である日本の脱退などにより、話し合いの場としての役割を果たすことができなくなった。拒否権の利点として、意見が対立した際に、大国が話し合いの場から離脱して、話し合い自体ができなくなってしまうのを防ぐことが考えられる。

例 国際的な諸問題を解決していくには世界をリードする国が足並みをそろえて取り組んでいくことが重要である。日本やドイツの離脱、アメリカの不参加といった国際連盟における大国の影響が弱かったことが第二次世界大戦を引き起こした原因の1つと考えられる。拒否権の利点として、世界をリードする国がそろえば大きな抑止力となって平和を維持することができると考えられる。

問3 ▶ 解答例
例 総会の影響力を強め、総会での議決で安全保障理事会を動かすことができるようにすること。

例 世界で取り組んでいる宇宙開発を国連宇宙部がとりまとめることで、宇宙開発によって得られる利益を世界全体に還元すること。

例 国連分担金の額に応じて安全保障理事会や総会での影響力を強くすること。

問4 ▶ 解答例
例 難民の生活の支援など。

例 感染症等に苦しんでいる人たちを救うために、NGOとともに協力し合っていること。

例 世界で協力して環境問題に取り組むための会議を開くこと。

問5　ウクライナは、大量の戦争犠牲者を出した第二次世界大戦以降で最大の人道危機に直面していますが、私たちができる支援としてあなたが考えるものを挙げなさい。　（2023年　福岡雙葉）

問6　フィンランドがNATOに加盟してこなかったのは、「加盟することが、平和を維持するうえでは別の危険性を高める」という面があったためです。NATO加盟が、別の危険性を高めるのはなぜですか。　（2023年　森村学園）

問7　2022年6月に、第1回核兵器禁止条約締約国会議が開かれました。日本は条約に参加しておらず、会議にも参加しませんでした。【資料】を読んで、問いに答えなさい。

【資料】

> 条約には、核兵器を保有する国々が参加していない。日本が加わって議論をしても、実際に核廃絶にはつながらない。日本としては、核兵器保有国と非保有国が加わる核拡散防止条約（NPT）の再検討会議の枠組みなどを通じて双方の橋渡しとなり、現実的に核軍縮を前に進めることを優先する。

【資料】に触れられていない、日本が核兵器禁止条約に参加しない理由として考えられることを答えなさい。一方で、国内外から、日本こそ条約に参加するべきだという意見が数多く出る理由を、日本の歴史を踏まえて説明しなさい。　（2023年　鷗友学園女子）

問8　地方公共団体は日本語を母語にしない人々に対して、ホームページでどのような工夫をするといいか答えなさい。　（2021年　海陽中等教育　改）

問9　海外から来た人と交流することのよい点を答えなさい。　（2021年　福岡女学院）

問5 解答例

[例] SNSなどを通してウクライナの支援を行っている公的機関を紹介して寄付などをよびかける。

[例] 衣類など生活に必要なものを送る。

問6 解答例

[例] 自国が望まぬ戦争でも、他国のために行わなければならない。

[例] NATOに警戒心を持っている国との関係が悪化して対立するおそれがある。

問7 解答例

[例] 日本はアメリカの核の傘に守られている（日米安全保障条約がある）ため参加しない。一方で、日本は唯一の戦争被爆国であるため参加するべきといわれる。

[例] 北朝鮮の核開発など日本の安全を守るためには同盟国のアメリカと考えを合わせた方がよいから参加しない。一方で、日本のような被爆国が訴えることで核軍縮を進めるべきだとする意見もある。

問8 解答例

[例] 外国の言葉で記す。

[例] 絵でわかりやすいピクトグラムで表現する。

問9 解答例

[例] 異なる言語を話す人とコミュニケーションを持つことで語学力が向上できる。

[例] 外国の異なった文化を知ることで新しい視点を得ることができる。

[例] 外国人から見た日本を知ることで、自分たちの知らない新しい一面を知ることができる。

問10　もしあなたが2025年の大阪万博を観るために来日した人々に、「おもてなし」をするとしたら、あなたはどのような「おもてなし」をしようと思いますか。あなたの考えを説明しなさい。

（2021年　工学院大学附属中　改）

問11　なぜブラジル人やペルー人は「デカセギ」労働者として来日するのか、その理由を説明しなさい。　　　　　　　　（2021年　桐朋女子中）

問12　群馬県大泉町には自動車工場などで働く外国人が多く住み，多文化共生のさまざまな取り組みが行われています。次の表は群馬県大泉町の2021年度国籍別外国人人口上位3か国を示しています。外国人にとって生活しやすい地域環境を作るためには，どのようなことが大切なのか，あなたの考えを述べなさい。

| 順位 | 国名 |
|------|------|
| 1 | ブラジル |
| 2 | ペルー |
| 3 | ネパール |

「大泉町ホームページ」より作成

（2023年　跡見学園）

問13　今後日本で移民を受け入れることに関して、「賛成」か「反対」かを選び、あなたの考えを説明しなさい。　　　　　　　　（2021年　大宮開成）

### 問10 解答例

[例] 未感染であることを示し、外国の人が安心して接してもらえるようにする。

[例] 世界中のあらゆる国の言語のあいさつを覚えて、どの国の人に対しても積極的にあいさつするよう心がける。

### 問11 解答例

[例] ブラジルやペルーよりも日本の方が賃金が高いため、収入の一部を母国で暮らす家族に送ることで生活を支えているから。

[例] 日本の高い技術を学ぶことで、母国に帰ってからその能力を買われて高い収入で雇ってもらうため。

### 問12 解答例

[例] 異文化交流会を開く。

[例] 日曜日に一緒に除草作業といったボランティア活動を行って交流を深める。

### 問13 解答例

[例] 現在の日本は少子高齢化が進んでいて将来的に労働力が減少することが予想されていることからも、移民に新しい労働力になってもらうため受け入れに賛成である。

[例] 日本は他の国と比べても移民の受け入れ人数が少ないことから、人道的支援の点から移民を受け入れることに賛成である。

[例] かつて移民の中にテロリストが紛れて多くの人が被害に遭(あ)った国があったことからも、パスポートなどで身元が分かる人以外の移民の受け入れには反対である。

[例] 日本は島国であることで感染症などによる被害を外国に比べて比較的抑えていることからも、移民を受け入れることには反対である。

問14　下のグラフは、日本における外国人の人口とその増減率の移り変わりを
　　　表したものです。このグラフをふまえて、今後の日本の社会において外国人
　　　とどのような関係を築いていけばよいか、あなたの考えを述べなさい。

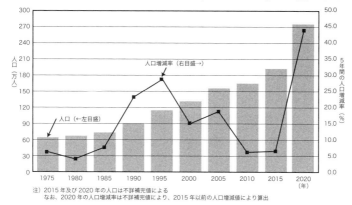

（出典　総務省統計局「令和2年度国勢調査─人口等基本集計結果からみる我が国の外国人人口の
状況〜」より）

（2023年　聖セシリア女子中学校）

問15　「出入国管理及び難民認定法（入管法）」の目的と、難民に関する国際条
　　　約が大切にしていることとの間には大きな違いがあると指摘されています。
　　　その大きな違いとはどのようなことですか。次の資料を参考に答えなさい。
　　　資料1　出入国管理及び難民認定法（入管法）に関するもの
　　　1951年　出入国管理及び難民認定法（入管法）制定。
　　　1982年　難民認定制度を追加する法改正を実施。

・日本で難民として認定されるには申請者自身が個人として迫害を受
　けたことを証明する必要がある。
・迫害を受けている民族や社会集団に属しているという理由だけでは
　難民として認定されない。

　　　資料2　1951年「難民の地位に関する条約」

人種、宗教、国籍、特定の社会集団の構成員であること、または政
治的意見を理由に、自分の国にいると迫害を受けるか、または迫害
をうけるおそれがあるために国を逃れた人々。
　　　　　　（「難民の地位に関する条約」をよみやすくしました）

（2022年　成蹊中　改）

問14 解答例

[例] 日本は現在人口が減少しているので、日本に来る外国人を労働者と考えて労働力不足に備えるとよい。

[例] 今後も日本に来る外国人が増えることが予想されるため、日本の文化を彼らに伝えることで、友好な関係を築いた方がよい。

問15 解答例

[例]「難民の地位に関する条約」では難民と思われる人を受け入れ保護しようとしているが、出入国管理及び難民認定法（入管法）は難民の受け入れを厳格にして結果的に難民の受け入れが消極的になっている違い。

[例]「難民の地位に関する条約」では難民と判断する基準を厳しくしないことで難民に対する精神面での配慮をしているが、出入国管理及び難民認定法（入管法）は難民として認定するために迫害を受けたことを聞くなど、難民に精神面での配慮をしていないという違い。

問16　日本で難民申請をしてもなかなか難民として認定されないのはなぜです
か。その理由を、次の資料を参考に説明しなさい。

> ・日本で難民として認定されるには申請者自身が個人として迫害を受けたことを
> 証明する必要がある。
> ・迫害を受けている民族や社会集団に属しているという理由だけでは難民として
> 認定されない。

（2022年　成蹊中）

問17　難民の地位に関する条約（通称「難民条約」）をまとめると、難民とは次
のように定義されており、条約を結んだ国には難民を保護することが求めら
れています。

> 人種、宗教、国籍や政治的な意見を理由に迫害を受けるおそれがあるために他国
> に逃げた人で、迫害を受ける以外の理由で逮捕されるような犯罪をおかしていな
> い人。

　　しかし、日本に逃げて来た人たちの難民審査は厳しく、問題視されていま
す。次にあげる資料は審査のときに聞かれる質問内容の一部です。日本政府
がこのような質問をすることは、難民を保護するという点から見たときにど
のような問題があると考えられますか。質問3〜5から一つを選び、その質
問の問題点を説明しなさい。

> 1　迫害のおそれを感じたのはいつからですか。根拠を具体的に教えてください。
> 2　あなたが帰国すると、どのようなことになるか、具体的に答えてください。
> 3　あなたが国にいたとき、上記の理由、その他の理由で逮捕されたり、その他
> 　　身体の自由を奪われたり暴行などを受けたことがありますか。
> 4　あなたは、あなたの国に敵対する組織に属したり、敵対する意見を表明した
> 　　りすることはありますか。
> 5　現在、生活費用は何によってまかなっていますか。
> 6　もともと住んでいた国に日本から送金をしたことがありますか。

（2022年　麻布中）

01地理・地形｜02地理・産業｜03歴史分野｜04公民分野｜05国際社会｜06SDGs問題｜07AL問題

問16 解答例

[例] 迫害を受けたことを証明する必要があっても、証明するための資料がない。

[例] 難民の申請は個人で行われるため、迫害されている集団に属しているだけでは難民として認定されない。

問17 解答例

質問3

[例] 母国で起きた辛いことを思いだし、精神的なストレスを与えてしまうかもしれない点。

質問4

[例] 日本に来た人の考えを聞くことは、思想・良心の自由に反するおそれがある点。

質問5

[例] 生活費用を得る手段が無い人に質問することは難民保護と大きく関係しない点。

問18 「改正入管法」は、移民の受け入れを進めるために、以前のルールを改正したものです。なぜ日本は移民の受け入れを進めようとしているのですか。グラフを見て、答えなさい。

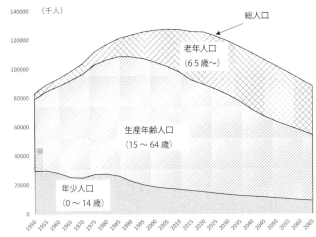

出典：国立社会保障・人口問題研究所ホームページ　（http://www.ipss.go.jp/）

（2021年　捜真女学校　改）

問19 2019年4月には、今までは受け入れなかった工場作業などの単純労働分野でも、外国人労働者を正式に受け入れることが可能となりました。なぜ日本はこのように制度を変える必要があったのでしょうか。日本の人口問題に触れて、簡潔に説明しなさい。　　　　（2023年　普連土学園・成城学園）

01 地理地形

02 地理産業

03 歴史分野

04 公民分野

05 国際社会

06 SDGs問題

07 AL問題

問18 解答例

[例] 年少人口が減少し将来的な労働力の減少が予想されるため、外国人労働者を新しい労働力として期待しているから。

[例] 高齢化が進みこれからの介護支援が重要になるため、外国人労働者に介護事業に従事してもらうことで介護負担を抑えるという目的。

問19 解答例

[例] 日本では人口減少や少子高齢化が問題となっており、不足する労働力を補うために外国人労働者を受け入れる必要があるから。

[例] 介護職や農家など特定の職種における日本人のなり手が少ないから。

問20　特定技能の制度を利用して日本に働きに来ている外国の人びとのうち、約9割はASEAN(東南アジア諸国連合)に加盟している国の人びとです。次の表からどのようなことがわかりますか、説明しなさい。

表　ASEAN諸国から来ている特定技能外国人の数（2021年3月末時点）と各国の国民一人あたりの経済的な豊かさ

| 2021年3月末時点でASEANに加盟している10カ国（50音順） | 特定技能の制度で日本に滞在している人数（人） | 国民一人当たりの経済的な豊かさ※（日本を100とした場合） |
|---|---|---|
| インドネシア | 1,921 | 9.8 |
| カンボジア | 569 | 4.1 |
| シンガポール | 0 | 146.7 |
| タイ | 572 | 17.9 |
| フィリピン | 1,731 | 8.3 |
| ブルネイ | 0 | 65.0 |
| ベトナム | 14,147 | 8.7 |
| マレーシア | 8 | 25.6 |
| ミャンマー | 959 | 3.8 |
| ラオス | 34 | 6.5 |

2020年の名目国内総生産額より算出（米ドル換算　インドネシア・フィリピン以外は推定値）
（出入国在留管理庁公表資料・国際通貨基金公表資料より算出・作成）

（2022年　桐朋中）

問21　特定技能という制度によって外国人労働者の滞在期間をのばすことができるようになりました。この制度ができた理由の一つには、企業が新しい外国人労働者を招くよりも、すでに働いている人の滞在期間の延長を希望したことがあげられます。次にあげる資料は、特定技能の対象になった仕事の一部です。企業が滞在期間の延長を希望したのはなぜだと考えられますか。これらの仕事の特徴を参考にしながら説明しなさい。

| | |
|---|---|
| 大工などの建設業 | 高齢者施設などでの介護 |
| 医療・福祉施設向けの食事の調理 | 自動車整備 |

（2022年　麻布中）

問22　日本政府が正式に移民を受け入れようとせず、行政が外国人の支援を行わないと、日本に不慣れな外国人の支援はボランティアの人たちに依存することになります。その場合、外国人の支援活動にはどのような不都合が生じると考えられますか。

（2022年　麻布中）

問20 解答例

[例] 日本に比べて国民あたりの経済的な豊かさが低い国からは特定技能の制度で日本に滞在する人が多く、日本よりも経済的に豊かなシンガポールからは特定技能制度で日本に滞在する人が少ない。

[例] 日本と貿易を盛んに行っていたりと、日本との交流の盛んな国から来る人が多い。

[例] ベトナムのように日本と友好関係が築けている国や、カンボジアのように日本からの支援を受けた国から来日している人が多い。

問21 解答例

[例] 技術を習得するには長い時間が必要なため、経験のある人間を長く雇いたいから。

[例] 労働力が不足しやすい仕事に携わる人を長く滞在させたいから。

問22 解答例

[例] ボランティアの人たちの負担が大きくなり、ボランティアの人たちも生活が苦しくなるおそれがある。

[例] ボランティアの仕事が大変になると、新たにボランティアをしようとする人が出てこなくなり、外国人の支援が難しくなるから。

問23　外国人労働者と難民の受け入れ方が異なる理由を説明しなさい。

問24　［資料］は、2007年に日本へ来て、関東地方で暮らしているミャンマー人の女性の証言です。この女性は、なかなか日本で難民として認められないため、安心して生活を送れていません。具体的にどのようなことに不安を抱えているのでしょうか。

［資料］

私の兄弟は2008年ころヨーロッパに渡りました。兄弟は逃れた国ですぐに難民として認められ、5年後には国籍を取得しました。私は今3回目の難民申請をしていますが、まだ難民として認められていません。私には日本で生まれ育った3人の子どもたちもいます。

（『朝日小学生新聞』2021年6月19日号の記事で紹介された証言をもとに作成しました）

（2022年　成蹊中）

問25　日本にはイスラム圏から多くの人が働きにきています。次のイスラム教の決まりからイスラム教徒が日本で生活するとき、日本社会はどのような点を配慮するべきだと思いますか。

・1日5回（夜明け・正午・午後・日没・夜中）、聖地であるメッカのカーバ神殿の方向にお祈りをする。

・年に1度、日の出から日没まで飲食をしない月がある。

・豚肉や酒がふくまれているものを、飲食することは禁止されている。

（2021年　世田谷学園）

問 23 ▶ 解答例

例 日本は労働人口が減少しているので、外国人労働者は労働力として積極的に受け入れるが、難民は労働力が目的ではないので、受け入れが厳しい。

例 外国人労働者は出国先からビザが発給されて身分が保証されているため受け入れやすいが、難民は身分が保障されにくく、入国前に色々と確かめなければならないことがあるため受け入れが厳しい。

問 24 ▶ 解答例

例 難民として認定されず日本国籍を取得することができないでいるため、子どもたちが日本で十分な支援を受けられないのではという心配。

例 難民として認定されないため、日本に不法滞在の罪を問われて国外追放処分を受けて子どもたちと離ればなれになるのではという心配。

問 25 ▶ 解答例

例 イスラム教徒との食事の際には、お酒を注文せず、また豚を料理に使っていない店を選ぶようにする。

例 イスラム教徒が礼拝できる場所を用意し、彼らが祈りをするときは仕事を中断してもよいようにする。

問26　次の写真は「Qドラム」と呼ばれるものです。これについて、以下の問いに答えなさい。

　(1)　Qドラムを使うと水くみの仕事の大幅な改善が期待されたのはなぜか、Qドラムの写真を参考に答えなさい。

　(2)　水くみの時間が短縮されると発展途上国の女性や子どもにとってそれぞれどのような可能性が広がると考えられるか。　　　(2021年　中村中　改)

問27　1964年の東京オリンピックで初めて、競技の内容を図で表した「ピクトグラム」が開発され、用いられるようになりました。今回の開会式では、このピクトグラムを実写で表すパフォーマンスが話題になりました。下のピクトグラムは、今大会で使用されたものの一部です。

空手 組手　　　　スケートボード　　　スポーツクライミング

　ピクトグラムはオリンピックだけでなく、公共施設でも見かけることがあります。こうしたピクトグラムには、どのような特徴がありますか。下の図を参考にして、説明しなさい。

(2022年　京華女子)

01 地理地形
02 地理産業
03 歴史分野
04 公民分野
05 国際社会
06 SDGs問題
07 AL問題

問 26 ▶ 解答例

(1)　⑩ 腰にひもをかけて転がして運ぶことで、これまでのようなバケツで運ぶ
　　　　よりも短時間で運ぶことができるようになったから。

　　　⑩ これまではQドラムと同じくらいの量の水を運ぶのには多くの労働力が
　　　　必要だったが、Qドラムで転がすことで負担を抑えることができたから。

(2)　⑩ 子どもが学校へ行く時間が生まれるため、社会で必要なものを学ぶこと
　　　　ができることで、成人したときに自立した行動ができる可能性。

　　　⑩ 女性の家事負担が軽減されることで、家事以外のことに取り組めるよう
　　　　になり、女性の社会進出が進む可能性。

問 27 ▶ 解答例

⑩ 文字の分からない外国人にも一目で判断できること。

⑩ 漢字が分からない子どもでも一目で判断できること。

問28　最近の研究では、東アジアの人の表情は目元に出やすく、欧米の人の表情は口元に出やすいことが分かってきました。このことをふまえて、マスクをすることで欧米の人の対話に不安を感じる理由を述べなさい。

（2022年　光塩女子学院）

問29　ケイコさんは、動物を主人公にした作品を文章だけの形ではなく、「絵本」にすることに決めました。その理由は、マラウイ共和国に関する下の表を見たからです。下の表に示されたデータから1つ選び、絵本に決めた理由を説明しなさい。

表　マラウイ共和国と日本に関するデータ

|  | マラウイ共和国 | 日本 |
|---|---|---|
| 1人の国民が1年間で稼ぐ金額 | 407ドル（約50000円） | 40146ドル（約5000000円） |
| 字が読める15歳以上の割合 | 62.5% | 99% |
| 平均的な寿命 | 64.2歳 | 84.4歳 |

（世界銀行および国連人間開発報告書のデータより作成）

（2022年　晃華学園）

問30　アメリカや日本がモスクワオリンピックに参加しなかったことは、どのような点でオリンピックの精神に反しているといえるでしょうか。文中のクーベルタンや嘉納治五郎の考えを参考にして、説明しなさい。

【クーベルタンの考え】

「スポーツを通して心身を向上させ、文化・国籍などさまざまな違いを乗り越え、友情、連帯感、フェアプレーの精神をもって、平和でよりよい世界の実現に貢献すること」をオリンピックの精神として掲げた。

【嘉納治五郎の考え】

「オリンピックは欧米だけの文化ではない。世界の文化を目指すのであれば、アジアの日本で開催するべきである」と主張した。

（2022年　京華女子）

問 28 ▶ 解答例

㊙ マスクをすることで口元が見えないため、欧米の人の気持ちを理解すること
が難しい。

㊙ マスクをすることで口元が見せられないため、自分の気持ちが相手に伝わる
か不安に感じる。


問 29 ▶ 解答例

㊙ マラウイの人々は日本人に比べて識字率が低いため、字のみの形式ではなく
絵本の方が内容が伝わると思ったから。

㊙ マラウイ共和国は日本と比べて賃金が少なく生活が苦しいことから動物など
を狩って生活していると考えられるため、動物の絵を入れることで生き物の
大事さを考え、必要以上に動物を狩らず、それ以外の生活を考えるきっかけ
を与えたかったから。


問 30 ▶ 解答例

㊙ クーベルタンや嘉納治五郎は、オリンピックは平和の祭典であることや政治
影響を受けてはならないことを唱えたにも関わらず、アメリカや日本がモス
クワオリンピックに参加しなかったことは平和的ではなく、政治の影響を受
けている点。

㊙ 嘉納治五郎はオリンピックは一部の地域だけでなく世界の文化であることを、
クーベルタンはオリンピックの精神を平和でよりよい世界の実現のためにあ
ることを主張した。アメリカなどのモスクワオリンピック不参加は、世界の
国々が交流する機会を奪う、世界平和の実現から離れた行為と言える点。

問31　今後地球に住む人々が宇宙へと進出することが想定される。次のパネル
　　　１〜３のどれか１つをふまえ、その際にどのような問題が起こるか。根拠を
　　　あげて、あなたの考えを述べなさい。

【パネル１　（地域１）】
・縄文時代の人々の祖先とされており、アイヌの人々は古くから狩りや漁を行っ
　た。そこで獲得したものを衣服やお米と交換した。
・時代が進むと、本州から来た和人に圧迫され、抵抗をした。
例　・1457年に、コシャマインが反乱を起こしたが、鎮圧された。
　　・1669年に、アイヌはシャクシャインをリーダーとして武士たちと戦った。
・本州の和人との交流で、アイヌの人たちがかつてかかったことのない天然痘が
　もたらされ、多くの人たちがなくなった。

【パネル２　（地域２）】
・３つの王国に分かれていたが、15世紀の初めに尚巴志が統一し、琉球王国が成
　立した。
・この地域は、統一以降、貿易活動を活発に行っていた。
・19世紀後半に、新政府は琉球王国を琉球藩として、完全に日本の統治下に入れ
　ようと試み、その後は琉球藩を廃して沖縄県を設置した。
・第二次世界大戦では、日本国内において地上戦が行われ、第二次世界大戦が終
　了し、この地が本土復帰を果たしてからも、アメリカ軍の基地が置かれている。

【パネル３　（地域３）】
・６世紀に、この地域の南西部に位置する国である百済から仏教が伝来した。
・13世紀の元寇の主力はこの地域に住む人たちであった。
・戦国時代を治め、日本を統一した豊臣秀吉は２回に渡ってこの地に出兵した。
・江戸時代には、日本に通信使が来訪し、積極的な交流を行った。
・19世紀の日清戦争では、清と日本がこの地域をめぐり争った。その後も海外
　諸国の干渉が続き、日露戦争終結を意味するポーツマス条約でこの地域への優
　先権を得たあと、日本は1910年にこの地域を併合した。

（2022年　公文国際学園中等部　改）

問31 ▶ 解答例

㋫ 地球と異なる人たちとは文化や考え方が違うおそれがあるので、お互いの考えていることを理解し尊重し合うことで交流を進めていった方がよい。

㋫ 地球人と宇宙人それぞれにとって害になるウイルスや物質を持ちこむことにより種の絶滅を引き起こすおそれがあるので、お互いの生命的特徴を十分に理解するまでは防護服などで距離をおきながら交流した方がよい。

㋫ 支配しようとすることでどちらかの考えや文化、そして領土が失われるおそれがあるので、お互いの文化などを保護するための取り決めを行ってから交流を進めるとよい。

㋫ 最初は友好的な関係を築けていても、時代を経ると様々な事情によって関係が悪化して対立するおそれがあるので、人々の交流を積極的に行い理解し合うことで対立する原因をできるだけなくす努力をする。

# 06 SDGs 問題

01 地理・地形
02 地理・産業
03 歴史分野
04 公民分野
05 国際社会
06 SDGs 問題
07 AL 問題

以下の問いは、次の SDGs の目標を参照して答えてください。

問1　国際連合が定める 2030 年までに持続可能でよりよい世界を目指す国際目標が SDGs（エス・ディー・ジーズ「持続可能な開発目標」）です。SDGs は 17 のゴール（目標）から構成されています。地域の史跡などが世界遺産に認定されることにより、その地域にどのような SDGs のゴールに関係する影響があると考えられますか。次に示した SDGs のゴール（1・8・11・15・16）の中から 1 つ選びあなたが考える影響を答えなさい。

（2022 年　賢明女子学院　改）

問 1 ▶ 解答例

⑳ 目標 1：世界遺産を訪れる観光客が増え観光業が盛んになることで、それに
   関する雇用が増える。

⑳ 目標 8：世界遺産を見に来る観光客が増え、観光に関する産業がさかんになる。

⑳ 目標 11：世界遺産に登録されることで国などから補助を受けられて、景観
    を守るために美化活動を行うことができる。

⑳ 目標 15：世界自然遺産に認定されると，自然が保護されて環境が守られる。

⑳ 目標 16：原爆ドームを多くの人が見に来ることで，世界の人たちが平和に
    ついて考えるようになる。

問2　大豆ミートは環境保護の点から着目されるようになりましたが、大豆ミートによって達成される SDGs の目標として次の3つがあげられます。
●目標2「飢餓をゼロに」
●目標13「気候変動に具体的な対策を」
●目標15「陸の豊かさも守ろう」
その中から番号を1つ選び、その目標が達成される理由を次の資料A・Bどちらかを用いて具体的に述べなさい。

［資料A］

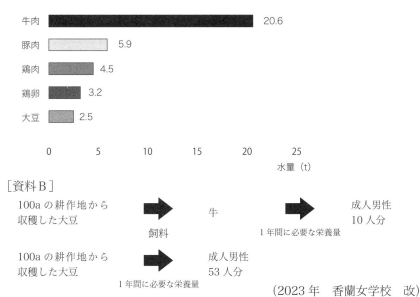

［資料B］

100a の耕作地から
収穫した大豆　→　飼料　→　牛　→　1年間に必要な栄養量　→　成人男性
10人分

100a の耕作地から
収穫した大豆　→　1年間に必要な栄養量　→　成人男性
53人分

（2023年　香蘭女学校　改）

問3　2015年に国連で採択された環境保護と経済の共存を目指す「持続可能な開発目標」（SDGs）は、いずれも、人口が増加すると、その達成がより難しくなる可能性があります。次の6つの中から目標の番号を1つ選び、その達成が難しくなる理由を答えなさい。
●目標1「貧困をなくそう」
●目標3「すべての人に健康と福祉を」
●目標6「安全な水とトイレを世界中に」
●目標7「エネルギーをみんなにそしてクリーンに」
●目標12「つくる責任つかう責任」
●目標16「平和と公正をすべての人に」

（2021年　晃華学園　改）

01 地理地形

02 地理産業

03 歴史分野

04 公民分野

05 国際社会

06 SDGs問題

07 AL問題

問2 解答例

㉕ 目標2：大豆ミートを作ればより多くの人に栄養分を供給することができるから。

㉕ 目標13：大豆ミートを作れば家畜を育てるよりも水の使用を抑えることができるから。

㉕ 目標15：大豆ミートを作れば家畜を育てるよりも水の使用を抑えることができるため、森林に豊かな水を届けることができるから。

問3 解答例

㉕ 目標1：人口が増えるということは子どもが増えることであり、子育てのための時間も増え、仕事ができなくなることで貧困になるおそれがあるから。

㉕ 目標1：人口が増加すると、子育てにかかる費用がよけいにかさみ、家計による負担が大きくなるおそれがあるから。

㉕ 目標3：人口が増加すると子どものための医療体制が十分に整えられないおそれがあり、幼くして病気で苦しむ子が出てくるかもしれないから。

㉕ 目標6：人口が増加しても使用する水の量は増えるわけではなく、1人あたりの水の量が減り、安全な水が手に入りにくくなるかもしれないから。

㉕ 目標7：生活水準を変えないまま人口が増加すると、火力発電の発電量が増えることで、地球温暖化や大気汚染がさらに進むおそれがあるから。

㉕ 目標12：人口増加により必要なものを生産しなければならず、製品を輸送するための包装紙やプラスチックが廃棄されてゴミが増えるおそれがあるから。

㉕ 目標16：人口増加により経済格差が生まれるおそれがあり、それが原因で個人や国同士の対立が進み、戦争に発展するかもしれないから。

問4　恵方巻きは、毎年節分の時期に食べられる習慣のある「のり巻き」です。あるスーパーマーケットでは昨年、恵方巻きが大量に作られ、売れ残りが大量に捨てられたことをきっかけに、必要以上の恵方巻きをつくらないことを決めました。これは SDGs のいくつかの内容の達成に貢献していると考えました。

　解答例の「海の豊かさを守ろう」を参考に、次の目標から 1 つ選び、恵方巻きを作りすぎないことが SDGs を達成することにつながる理由を書きなさい。

●目標 2：「飢餓をゼロに」

●目標 8：「働きがいも経済成長も」

●目標 12：「つくる責任つかう責任」

●目標 14：「海の豊かさを守ろう」

（2021 年　大妻多摩中　改）

問5　下図は SDGs の目標 4「質の高い教育をみんなに」です。「Society 5.0」でさらに進化が期待されるデジタル化が、「質の高い教育をみんなに」の達成に、どのようにつながると考えられますか。具体的な例をあげて説明しなさい。

（2022 年　晃華学園　改）

問4 解答例

⑳ 目標2：恵方巻きを作りすぎないようにして不必要な食料品の輸入を減らすことで、その分を飢えで苦しんでいる人にあげることで助けられるかもしれないから。

⑳ 目標2：恵方巻きを余計に作らなければ、他の食品のために材料を使うことができるため、食品ロスの削減を期待できるから。

⑳ 目標8：食べられることのない食品を作ることのむなしさから生じる労働意欲の低下を防ぐことができるから。

⑳ 目標12：恵方巻きを作りすぎないことで、大量の恵方巻きが捨てられてしまうことを防ぎ、ゴミの問題など地元に迷わくをかけないように責任をもって生産しているから。

⑳ 目標14：恵方巻きをつくりすぎないことで、その食材である海の魚をとりすぎることを防ぎ、それが水産資源を守ることにつながるから。

問5 解答例

⑳ オンライン授業の拡大やAIの導入によって学びにおける時間・距離の制約から解放され、個人に応じた的確な学習指導が可能になることで、世界中の子どもたちが質の高い教育を受けることができる。

⑳ オンラインを通して世界中の人と交流できることで、自分に合う最適な指導をする人や教材を利用することができ、質の高い授業を受けることができる。

問6　SDGs の目標の１つに「ジェンダー平等を実現しよう」  があり、世界は平等な社会の実現が目指されています。日本は現在、特にこのジェンダー平等の分野で取り組みが遅れていると言われています。

　　　ジェンダー平等の１つに男女平等があります。下のグラフは男女別の平均賃金の推移をグラフ化したものです。特に 25 歳を超えた頃から、男女間の賃金の差が大きくなることが分かります。このような差が生まれてしまう原因と、この差を小さくしていくために、日本はどのような取り組みをしていくべきか、自身で考えて説明しなさい。

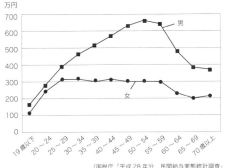

（国税庁「平成 28 年分　民間給与実態統計調査」より作成）

（2021 年　晃華学園　改）

問7　世界経済フォーラムでは、ジェンダーギャップ指数 GGI を定めて毎年「世界ジェンダーギャップ報告」を講評しています。その結果、2020 年の日本の総合スコアは 0.652、順位は 153 カ国中 121 位（前回は 149 カ国中 110 位）でした（2019 年 12 月公表）。

　　　SDGs 目標 5「ジェンダー平等を実現しよう」を実現していくために、日本はこれから GGI を高めていく必要があります。その場合、どんな方法があるでしょうか。日本の社会が変わるためにしたら良いことについて、あなたの考えを書きましょう。　　　　　（2021 年　札幌聖心女子学院中学校　改）

問8　東京オリンピックでは SDGs の実現を掲げていましたが、大会を行う過程において女性を蔑むような発言や女性タレントの容姿を侮辱する発言が問題になりました。このような問題の背景には、これまで SDGs 目標 5「ジェンダー平等を実現しよう」が達成されてこなかったことが指摘されます。日本の社会においてジェンダー・バランスがとれていないと考えられる具体例をひとつ挙げなさい。　　　　　　　　　　（2022 年　明治大学付属明治　改）

01 地理地形　02 地理産業　03 歴史分野　04 公民分野　05 国際社会　06 SDGs 問題　07 AL 問題

問6 解答例

[例] 女性が出産や育児のために仕事を辞めたり休んだりしてしまうことから、この差が生まれてしまう。この差を小さくしていくためには、女性のみが育児や家事をするべきだ、という考え方を見直すことが重要である。

[例] 女性が出産や育児のために仕事を辞めたり休んだりしてしまうことから、この差が生まれてしまう。この差を小さくするためには、在宅でも仕事ができるようにして、仕事と育児の両立が行いやすい環境を作る。

問7 解答例

[例] 世界的に見て日本は女性の国会議員の割合が低いのが問題であるため、法律を改正して女性の国会議員を増やす環境を整えるようにする。

[例] 企業の役員など重要な役職を務める女性の割合が低いのが問題であるため、企業の男性役員の人数を減らすことで、男女比を縮めるようにする。

問8 解答例

[例] 国会議員において女性議員の比率が先進国に比べて低く、女性の意見が政治に反映しづらい状況になっている。

[例] 育児や家事における負担が男性よりも女性の方が大きく、女性が自由な時間を取りづらい状況になっている。

問9　SDGs に掲げられる目標の一つに、「ジェンダー平等を実現しよう」とい
　　うものがあります。日本でも、男女共同参画社会基本法の実現に向けての取
　　り組みが進められています。その中で、今日、「アンコンシャス・バイアス（無
　　意識の思い込み）」の問題が指摘されています。
　　　以下の［資料］にある下線部の言動の背景には、母親に対するどのような
　　アンコンシャス・バイアスがあると考えられるでしょうか。

［資料］

> 　アンコンシャス・バイアスは誰にでもあって、あること自体が問題というわけ
> ではありません。過去の経験や、見聞きしたことに影響を受けて、自然に培われ
> ていくため、アンコンシャス・バイアスそのものに良し悪しはありません。しかし、
> アンコンシャス・バイアスに気づかずにいると、そこから生まれた言動が、知ら
> ず知らずのうちに、相手を傷つけたり、キャリアに影響をおよぼしたり、自分自
> 身の可能性を狭めてしまう等、様々な影響があるため、注意が必要です。
> …（中略）…<u>単身赴任の母親に対して「え？母親なのに単身赴任？お子さん、か
> わいそうね…」</u>といった言動が、母親や、家族を傷つけることがあるかもしれま
> せん。

（男女共同参画局「共同参画」2021 年 5 月号より）

（2022 年　開成中　改）

問10　近年、貨物輸送において鉄道の輸送が見直されています。次の SDGs の
　　目標に即して、鉄道貨物輸送の利点をトラック輸送と比較して説明しなさい。
　　目標 7 ：エネルギーをみんなにそしてクリーンに
　　目標 13：気候変動に具体的な対策を

（2022 年　渋谷教育学園渋谷　改）

問11　プラスチックの資源循環については、SDGs（国連　持続可能な開発目標）
　　のゴール 12（つくる責任　つかう責任）とゴール 14（海の豊かさを守ろう）
　　の目標にあてはまります。ゴール 14 は「海洋汚染を防ぐ」という行動につ
　　ながりますが、ゴール 12 はどのような行動につながりますか。「プラスチッ
　　ク資源循環」と「ゴール 12」とのつながりについて説明しなさい。

（2021 年　工学院大学附属中　改）

01 地理地形｜02 地理産業｜03 歴史分野｜04 公民分野｜05 国際社会｜06 SDGs 問題｜07 AL 問題

問 9 解答例

[例] 母親は子どもの側にいなければならないという思い込みが女性の社会進出を妨げるおそれがある。

[例] 子どもは母親の近くにいないと育たないという思い込みが、子どもの成長の可能性を妨げるおそれがある。

問 10 解答例

[例] 鉄道輸送はトラック輸送に比べて二酸化炭素の排出量が少なく地球温暖化の影響をトラック輸送より抑えることができるから。

[例] トラックの多くはガソリンを使って走るため、地球温暖化や大気汚染といった環境問題を引き起こしやすいのに比べて、鉄道輸送は排気ガスを出さないため地球温暖化対策につながるから。

問 11 解答例

[例] 海に分解することのできるプラスチック製品の開発を行うことで生態系に悪影響を及ぼさないようにする。

[例] レジ袋をもらわないようにして必要以上にプラスチックを使わない。

問12　東京オリンピックではSDGsの実現を掲げていましたが、環境について
　　　SDGsの目標12「つくる責任つかう責任」の目標の達成からは大きく遠ざか
　　　る問題が発生しました。ボランティアの人数が減ったことによる影響とも言
　　　われるこの問題を簡潔に説明しなさい。　（2022年　明治大学付属明治　改）

問13　SDGsの目標14「海の豊かさを守ろう」のための取り組みの1つとして、
　　　買い物をするときにエコバッグを持参することが唱えられています。その理
　　　由を答えなさい。　　　　　　　　　　　　　　　　（2022年　頴明館　改）

問14　「ビニール袋の有料化」は、SDGsの17の目標のどれを達成するために
　　　行われることか、数字を1つ答えなさい。
　　　　数字で答えた目標を達成するため、あなたは他にどのような取り組みをす
　　　ることができるか説明しなさい。　　　　　　　　　（2021年　麹町女子）

問15　あなたなら自分が住んでいる町をよりよくするためにどのような提案を
　　　しますか。SDGsの17の目標から2つ選び、どのような取り組みを行って、
　　　どのような町作りを目指すかについて選んだ番号と関連づけて答えなさい。
　　　　　　　　　　　　　　　　　　　　　　　　　（2021年　海陽中等教育　改）

01 地理地形　02 地理産業　03 歴史分野　04 公民分野　05 国際社会　06 SDGs問題　07 AL問題

問 12 解答例

[例] ボランティアのために用意していた弁当が、辞退者が多く出たために大量に廃棄しなければならなくなった。

[例] ある程度の人数を見越してボランティア用の服などを用意していたが、辞退者が多く出たために全て支給する必要がなく廃棄しなければならなくなった。

問 13 解答例

[例] レジ袋を使わないことで、海洋マイクロプラスチックゴミを減らすことができるから。

[例] レジ袋を使わないことで、その分の石油の使用を抑え、海の生態系を守ることにつながるから。

問 14 解答例

[例] 達成する目標：7
他の取り組み：マメに電源を切るようにする。（ソーラーパネルを家に取り付ける。）

[例] 達成する目標：13
他の取り組み：プラスチックをふくむゴミを焼却することがないようにする。

[例] 達成する目標：14
他の取り組み：海岸に打ち上げられたゴミを拾うことで、魚が間違えてゴミなどを食べないようにする。

問 15 解答例

[例] 目標：8・9
観光地を巡ることのできる観光プランを発信し、国内や海外からの観光客を増やすことで観光都市としての魅力を高め、関連産業の発展を行うことで、人口の増加を目指す。

[例] 目標：1・2
市民の生活状況を把握し、生活に苦しんでいる家庭にはフードバンクを通しての食べものの提供や補助金の支給を通して、市民の命を守ることで暮らしやすい町であることをアピールして人口の流入を目指す。

問16　水産資源の保護は、文中の「持続可能な開発目標」に照らして考えたとき、海に面した途上国の漁業に大きく関係のある取り組みです。水産資源が乏しくなると、海に面する途上国にどのような影響がありますか。次の語群の語句をすべて用いて説明しなさい。

語群【小規模　漁業　経済　失業】

（2022 年　普連土学園）

問17　世界の人口は長期的に増加傾向となっており、全世界の食料生産量が追い付かず、近い将来、世界中で食料が不足すること（食料危機）が心配されています。次の「持続可能な開発目標」（SDGs）から、食料危機の改善に結びつく目標を 1 つ選び、その目標を実現することで、なぜ食料危機が改善されるのか、具体的に説明しなさい。　　　　（2023 年　晃華学園）

01 地理地形

02 地理産業

03 歴史分野

04 公民分野

05 国際社会

06 SDGs 問題

07 AL 問題

問16 解答例

[例] 途上国では、小規模漁業が多く水産資源が減少すると漁獲量も減って、失業する漁師も増えると予想され、その国の経済にも大きな影響を与える。

[例] 水産資源が乏しくなり漁業も小規模になり水揚げ量が減少すると、途上国の漁業関係者は経済的に厳しくなり、失業者が相次ぐこと。

問17 解答例

[例] 目標12：不必要に物を作らないことは食品ロス削減につながり、今まで廃棄していた食品を食料不足に苦しむ国へ送ることができるから。

[例] 目標13：二酸化炭素の排出を抑え、地球温暖化を止めることは自然環境を守ることにもつながり、農作物が育てやすくなる。

[例] 目標15：森林が豊かになれば土壌（どじょう）もよくなり、農作物の成長もしやすくなり、豊富な食料を生産することができる。

# 07 AL 問題

問1　新型コロナウイルスによって、災害発生時の避難生活では感染対策にも気をつけなければならなくなった。また、外国人居住者に対しては更なる配慮が必要となる。

　　では、現在外国人居住者が避難生活を送る上で苦労することはどのようなことか。また、住民はそれに対してどのような工夫をした方がいいか、考えて答えなさい。　　　　　　　　　（2021年　公文国際学園中等部　改）

問2　下の図はY県の島にある町の「年齢別の人口分布」を示している。図をもとに、Y県の島の特徴をあげた上で、島の立場から「島に移住者を増やす取り組み」を考えて説明しなさい。

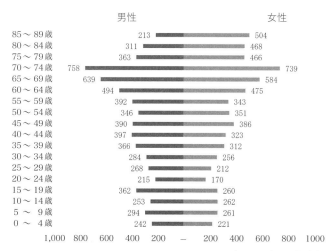

（2021年　公文国際学園中等部）

問3　関東大震災では「朝鮮人が暴動を起こしている」というデマが広がり、多数の朝鮮半島出身者が虐殺されるという悲惨な事件が起こりましたが、このようなことをくり返さないため、災害や感染症の流行時に私たちがどのようなことに気をつけて行動するべきだと考えますか。自分の考えを答えなさい。

（2021年　明治大学付属明治）

問 1  解答例

⑩ 日本語に不自由な外国人居住者が避難生活で苦労するおそれがあるので、文字の案内だけでなく絵やピクトグラムを用いてどの国の人でも対応できるよう工夫する。

⑩ 炊き出しなど避難所でのルールがよく分からず、他の被災者に比べて支援が受けられないおそれがある。そこでボランティアの人が見回りを行って支援が行き届いているか確認する。

問 2  解答例

⑩ 20 歳代以上の若い働き手の人口が少なく、人口減少がさらに進むおそれがある。そこで島独自の特産物を作ることで、若い人たちが島内で十分な収入を得られるように仕事を用意して島から出ていく人を減らすようにする。

⑩ 若い女性の人口が少なく、将来的な人口の増加が難しい。そこで、女性が住みやすい環境を島全体で整備するほかに、高齢者による育児の支援を積極的に行うことで女性が島に入り、子育てがしやすい環境を整える。

問 3  解答例

⑩ 自分の善意が相手に伝わると思い込まないことが重要である。関東大震災での出来事はお互いの考えに違いがあったのが原因と思われる。被災地の人に何が必要か聞くことで、相手の思いを汲み取った支援を行う方が良い。

⑩ 災害や感染症が発生したときは様々な情報で混乱することが多い。関東大震災の出来事は正しい情報を手に入れることができなかったことが原因だと考えられる。日頃から信用できるメディアや人物を調べ、災害などが起きてもそこから発信する情報を頼りにして、不特定の情報を参考にしないように心がける。

問4　災害への備えとして、あなたはどのような場合を考えてどのようなことを
　　　しておくべきだと思いますか。　　　　　　　　　　（2022年　成城学園）

問5　津波の被害が予想される一方で、近くに避難する場所が少ない場所には、
　　　次の写真のような津波避難タワーが作られることがあります。Aは一般的な
　　　津波避難タワーです。Bは高知県にある「グッドデザイン賞」という賞を受
　　　賞した津波避難タワーです。Bの津波避難タワーは、周囲の景観に溶け込む
　　　ように作られるデザインが工夫されていますが、他にもAの津波避難タワー
　　　には見られない工夫が見られます。どのような工夫が見られ、その工夫でど
　　　んな良いことがあるのか答えなさい。

【A】

【B】

（2022年　湘南白百合学園　改）

問6　右の図は、もとは耕地であったが、
　　　1年以上作物が作られず、今後数年間
　　　も作られる予定のない耕作放棄地の面
　　　積の変化を示した図です。この図から
　　　読み取れる問題点を説明しなさい。ま
　　　た、その問題点を解決するためには、
　　　どのような方法が良いとあなたは考え
　　　ますか、答えなさい。

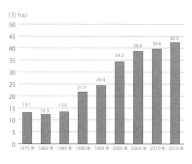

（2021年　不二聖心女子学院）

問7　現代は共食が行われにくい社会になっていますが、多くの小学校では給食
　　　という共食が行われています。君は、学校給食にかかわる問題点にはどのよ
　　　うなものがあると考えますか。また、給食をどのように改善すれば、より意
　　　味のある共食となるのでしょうか。君が考える問題点とその改善策を考えて
　　　書きなさい。　　　　　　　　　　　　　　　　　　　（2021年　麻布中）

01 地理地形　02 地理産業　03 歴史分野　04 公民分野　05 国際社会　06 SDGs問題　07 AL問題

問4 解答例

例 災害が発生しても誰からの支援が受けられない場合に備えて、非常時に長時間生活するだけの飲食物を買い備えておく。

例 家族と一緒に速やかに避難できるように、ハザードマップを見てどのルートで避難したらよいか家族で確かめる。

問5 解答例

例 階段ではなくスロープ上になっているため、車イスなどを使用する体が不自由な人も避難することができる。

例 円柱状に作られているため、どの方向からの津波にも均等に耐えられるようになっている。

問6 解答例

例 このままだと耕作放棄地が増え、手入れをしていない土地に野生動物などが住みつき不安な生活を送るおそれがある。そこで、手入れをしていない土地を公園など憩いの場にして、人が日中いることで野生動物が住みつかないようにする。

例 耕作放棄地が増えることで、農作物の生産量が減り、食料自給率も下がるおそれがある。そこで、家庭菜園などに興味を持っている人に安く貸し出すことで耕作放棄地を活かし、土地の手入れを行う。

問7 解答例

例 給食は席の近い人と一緒に食べるため、交流できる人数が限られている。そこで、毎週決まった曜日はクラスや学年単位での教室の移動をすることで、できるだけ多くの人とコミュニケーションが取れる機会を作る。

例 給食は年の近い人と一緒に食べることがほとんどである。そこで、給食の食材を提供する農家の方など、生徒とは年齢の離れた人を学校に呼んで一緒に給食を取ることで、様々な考えについて触れ、多様な考えを持てるようにする。

問8 東日本大震災によって農業も大きな被害を受けました。とりわけ、津波の被害を受けた地域では、主要な作物であった米の栽培が難しくなったため、新たに作物や栽培方法の転換が求められました。次の説明文は、新たな試みの事例を示したものであり、グラフ1は日本国内のパプリカ収穫量の推移を、グラフ2は東京都中央卸売市場におけるパプリカの取りあつかい金額（2021年度）の産地別割合をしめしたものです。これらを見て、あとの（1）・（2）の問いに答えなさい。

説明文

- ・2014年に設立された企業が、農林水産省次世代施設園芸導入加速化支援事業を活用して、東日本大震災の被災地である宮城県石巻市に温室栽培用のハウスを整備してパプリカなどの野菜を生産しており、コスト削減や被災地雇用を創出する新たな施設園芸に挑戦しています。
- ・ハウスでの栽培システムや設備には、オランダの施設園芸の技術を導入しています。コンピュータによる管理により、季節を問わず安定的な栽培が可能です。
- ・ハウスを加湿するための燃料として、石油に加え、地元の森林組合から購入する木材チップを使用しているほか、地中の浅いところに蓄積された熱の利用を積極的にすすめています。
- ・企業として運営することによって、地元の人々を多数雇用しています。
- ・2021年には直営所とカフェを開業し、生産物を知って、食べてもらう機会を増やすことにより、ブランド力向上をめざしています。

（農林水産省ホームページより、一部改変）

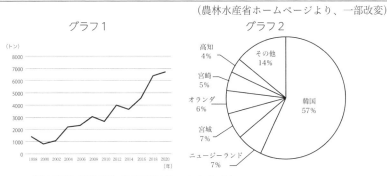

グラフ1

グラフ2

グラフ1（「地域特産野菜生産状況調査」より作成）

グラフ2（「東京都中央卸売市場統計」より作成）

(1) この地域で農作物として温室栽培によるパプリカが選ばれたのはなぜですか。説明文とグラフ1・グラフ2を参考にして、説明しなさい。

(2) 説明文のような試みはどのような点において、東北地方の、未来につながるでしょうか。あなたの考えを説明しなさい。

（2023年　海陽中等教育　改）

01 地理地形｜02 地理産業｜03 歴史分野｜04 公民分野｜05 国際社会｜06 SDGs問題｜07 AL問題

## 問8 解答例

(1)

⑳ パプリカは温室で栽培することで季節を問わず安定的に栽培し、出荷量を調整することができる。また、パプリカは半分以上が韓国などの輸入に依存しているが、市場での取りあつかい量は増えており、国内での生産を増やせば、より売れると考えられるから。

⑳ パプリカの温室栽培の技術向上やコスト削減といった取り組みがパプリカの生産量を年々増やしていると考えられ、今後も安定して低コストで大量生産することができると考えられる。これは東日本大震災の復興による経済的負担の多い地域では費用が抑えられ助かるはずである。また、パプリカは外国からの輸入が多く自給率が低い。そこで被災地でパプリカ栽培を行えば新規開拓により十分な収入が期待できると考えられるから。

(2)

⑳ 木材チップや地中熱の利用など環境に優しい取り組みで、東北地方の豊かな自然を維持しながら経済を活性化することができる。加えて、地元の人を雇うことやブランド化を進めること、観光客を増やすことなどで、地域の収入を増やし、若者も安心して暮らせる地域社会を作ることが、東北地方の未来につながると考える。

⑳ 企業が中心となって農家を雇えば、農作業を分担することで安定した休みを取ることができるため、農業を始めようとする若い人が増えることが期待できる。また、地産地消による栽培ができれば、二酸化炭素の排出量が抑えられ、地球温暖化対策にもつながる。そしてそうした取り組みがモデルとなり他の地域に広がり、東北地方が環境促進のモデルとして注目される可能性がある。

問9　近年、地球環境問題の観点から、発電時に二酸化炭素を出さない再生可能
　　　エネルギーが注目されています。しかし、世界と比べると日本では導入があ
　　　まり進んでいません。今後、あなたは日本の発電において、どのような発電
　　　方法を推奨しますか。発電方法を書いた上で、その理由を説明しなさい。

（2022年　大宮開成）

問10　本来人のために物を運ぶという行為は、人間が生きるために絶対必要だっ
　　　た塩を運ぶために始まったことが分かる。そして現代では、宅配便の会社は
　　　消費者の利便性を考えて多くのサービスを提供してくれている。配達時間を
　　　指定できたりするのもこれらのサービスの1つと言ってよいだろう。ところ
　　　が、それらが行き過ぎるとさまざまな問題が発生する。わたしたち一般消費
　　　者が、宅配便の会社と協力して現在の物流に関する問題点と解決する方法に
　　　ついて、あなたの考えを書きなさい。　　　（2023年　公文国際学園中等部）

01 地理地形

02 地理産業

03 歴史分野

04 公民分野

05 国際社会

06 SDGs問題

07 AL問題

[問 9] 解答例

⑩ 地熱発電を推奨する。現在国立公園になっているといった影響で地熱発電所は少ないが、日本は火山が多く、それを利用することができれば日本の主要電力の1つになれるほどの可能性を持っているから。

⑩ 太陽光発電を推奨する。太陽光発電であれば他の再生可能エネルギーと比べて周囲への悪影響が少なく電力を作ることができる。また、家庭でソーラーパネルを取りつけることで節電などの意識へとつなげられる可能性があるから。

[問 10] 解答例

⑩ 私たちが家にいないときに配達に来たら、お届け物を持ち帰り再び配達することになり負担が大きくなるおそれがある。そこで、配達に来た際に不在だった場合に置いておく場所をあらかじめ決めておくことで、配達員の負担を減らすようにする。

⑩ 私たちが家にいないときに配達に来たら、お届け物を持ち帰り再び配達することになり負担が大きくなるおそれがある。そこで集配所にお届け物が来たら家まで送り届けず直接集配所に取りに行けるようにして、配達員の負担を減らすようにする。

問11　近年、ドローンとよばれる遠隔操縦などで飛
　　　行する無人の航空機を使って、撮影や調査を行
　　　うことが増えている。日本では、2020年に山
　　　間部で荷物の配送を行う実証実験が行われた。

次の資料1〜4を見て、荷物の配送における現状の問題点をあげ、また、
ドローンで荷物を配送するとよいことを説明しなさい。

資料1　人口の年齢構成の移り変わり

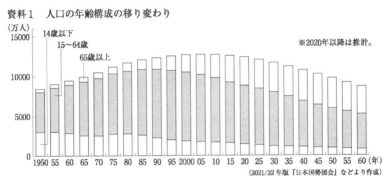

（2021/22年版『日本国勢図会』などより作成）

資料2　宅配便の個数の移り変わり

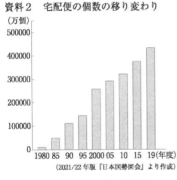

（2021/22年版『日本国勢図会』より作成）

資料3　トラック運転手と全産業の
　　　　就業者年齢割合

トラック運転手

| 15〜34歳 14.9% | 35〜44歳 | 45〜59歳 44.8% | 60歳以上 |
|---|---|---|---|

全産業

| 15〜34歳 25.1% | 35〜44歳 | 45〜59歳 32.8% | 60歳以上 |
|---|---|---|---|

（国土交通省資料などより作成）

資料4　2020年に行われた郵便物の配達の実験

①の郵便局か
ら②、③の配達
先までドローン
が飛んだ。

（地形図は縮小している。日本郵便資料などより作成）

・郵便局から山の中にぽつんぽつんとある
　郵便物の配達先までドローンだと10分で
　あった。通常は郵便局員が、徒歩で山道を
　20分かそれ以上歩いて届けている。
・荷物は1.7kg以内、飛行は時速36km以
　下。

（2022年　立命館慶祥　改）

問11 解答例

[例] 現在の日本は少子高齢化が進み、労働力人口も減少傾向にある。その一方で宅配便の個数が増え、荷物を配送する人の負担が大きくなっている。そこでドローンが人に代わって配送することで配送する人の仕事を減らし負担を抑えることができる。

[例] 現在の日本は少子高齢化が進み、労働力人口も減少傾向にある。またトラック運転手は全体的に若い人の割合が低く、このままいくとトラック運転手がいなくなるおそれがある。そこで今後不足すると思われるトラック運転手の代わりにドローンでの配送を推進するとよい。また、ドローンであれば遠いところや山間部にも運べるため、トラック運転手の負担を抑えることもできる。

問12　観光地では、観光客が増えることによる地域経済の活性化が期待されて
いる。しかし、多くの観光客が集まることで、さまざまな悪影響もおこって
いる。これについて、どのような悪影響がおこっているか、具体例を1つあ
げたうえで、それを解消するためにどのような対策をとればよいか。

（2023年　学習院女子中等科）

問13　平等に教育を受ける権利は憲法で保障されていますが、実際にはさまざ
まな格差があります。その格差の例を挙げ、現在どのような対策が取られて
いるか知っていることを書きなさい。　　　　　　（2022年　武蔵中）

問14　大人が子どもの自由を制限するようなきまりをつくるとき、どのような
ことが大事だと考えますか。次の〔会話文〕と〔資料〕を参考にして答えな
さい。

〔会話文〕インターネットやスマートフォンの使用をめぐる親子の会話

親：最近スマホを使っている時間が長いんじゃない？　ウチでもインターネットや
スマホを使える時間を2時間に制限することにしよう。

子：どうして大人が勝手に決めるの!? いきなりでひどい！

親：ルールはだいたい大人が決めているよね。子どもより、経験や知識が豊富な大
人がしっかり考えてきまりをつくるのは当然だよ。

子：でも、子どもについてのきまりをつくるときには、子どもの意見も尊重するべ
きでしょう？　本当に子どものことを考えてくれているの？

親：そうだよ。子どもの健康や安全を思って、あえて厳しくしているんだ。インター
ネット上には大人でも気づかないような危険がたくさんあるんだよ。

子：でも、なんか納得できないし、不満だな……。

〔資料〕いわゆる「子どもの権利条約」（条文を分かりやすく書きかえています）

第12条

子どもは、自分に影響を及ぼす全てのことについて、自由に自分の意見をあらわ
す権利をもっています。その意見は、子どもの成長の度合いに応じてじゅうぶん
考慮されなければなりません。

第13条

子どもは、表現の自由をもっています。そこには、いろいろな方法で、国境に関
係なく、自由な方法で情報や考えを受けたり伝えることもふくまれます。

この権利を使うときに、他の人の権利や信頼を傷つけたり、国の安全や人々の健
康や道徳を脅かす場合、ある程度制限されることがあります。

（2021年　東洋大学京北中）

問 12 解答例

[例] 観光客が住民の生活圏にまで入り込んで日常生活が脅(おびや)かされている。観光地では観光ルートの導線を整備して住民と観光客の行動範囲を区別する。

[例] 観光用バスなどの乗客が多いことで駅前が渋滞になり通勤・通学が不便になっている。そうした観光客が利用するバスなどは駅前に入れないようにすることで、駅前の渋滞の混雑の緩和を図る。

問 13 解答例

[例] 経済的理由を背景に学習塾に通える子と通えない子による格差があるが、地方自治体によってはボランティアを通して無償で授業が受けられるようにしている。

[例] 経済的理由を背景に大学の進学を諦めなければならないといった問題があるが、大学の中には学費の無償化や奨学金を通して、教育の機会を奪わないようにしている。

問 14 解答例

[例] 大人の方が子どもよりも経験や知識は豊富であるが、子どもの権利条約でも自分に影響を及ぼすことには子どもの意見も考慮される必要があると指摘されているので、子どもの意見も尊重する姿勢が重要になる。

[例] 大人の主張が前面に出ているが、子どもの権利条約には子どもにも表現の自由があることが記されていることからも、子どもの意見についても受け入れることができるようなきまりをつくる必要がある。

問15　プライバシーの権利を巡って、犯罪の被害に遭った人々やその家族など
　　　の暮らしを守るために、犯罪被害者等を実名で報道することは避けるべきで
　　　あるとの意見が存在する。その一方で、犯罪被害者等を積極的に実名報道す
　　　るべきであるとの意見が、マスメディアを中心に示されている。犯罪被害者
　　　を実名報道する意義としてはどのようなものが考えられるか。社会に与える
　　　影響という観点から、その意義について説明しなさい。

（2021年　江戸川学園取手）

問16　ある町内会で、3年生以上の小学生たちがドッジボールをすることにな
　　　りました。小学生の人数は全部で24人で、どの学年も6人ずついます。
　　　　まず、試合をする上での基本ルールを次のように決めました。

> ・3年生から6年生までが3人ずつ入った12人で、2チーム作る。
> ・試合終了時に内野の人数が多い方が勝ち。
> ・最初に外野にいる人数（元外野の人数）は3人とする。
> ・投げられたボールがノーバウンドで内野選手の体に当たり、その後ボールがコート（地面）に落ちたときにアウトになる。アウトになった選手は外野に移動する。ただし、内野選手に当たったボールが空中にある間に他の選手がキャッチした場合はセーフとなる。また、頭や顔に当たったときはセーフとなる。
> ・相手チームの内野選手をアウトにした外野選手は内野に移動できる。

　　　　次に、6年生たちが、「どの学年子どもたちにとっても楽しく参加できる
　　　ドッジボール」というテーマで、その他のルールについても話し合って決め
　　　ることになりました。あなたも、この話し合いに参加している6年生の一人
　　　だとします。
　　　　話し合いのようすを示している会話文1と会話文2を読んで、後の問に答
　　　えなさい。

会話文1

> まさみ：どんなボールを使うことにする？
> かおる：ふつうのドッジボールでいいよね。
> たろう：ぼくはやわらかいボールがいいと思う。だって3年生など下級生も参加
> 　　　　するから、こわがらせたり、けがをさせたりしてはいけないよね。
> りょう：そうそう、ぼく、苦手だからやわらかい方がいいよ。
> かおる：わたしは、ふつうのかたさのボールを使いたいなぁ。投げやすいから。
> まさみ：下級生もこわがらないで、わたしたち上級生もみんなが楽しめるルール
> 　　　　にしたいね。
> ゆ　う：投げ方にもよるよね。ボールのかたさとボールの投げ方を両方いっしょ
> 　　　　に考えたらいいじゃない？
> あなた：そうだね。それなら、　　　　　①

01 地理地形
02 地理産業
03 歴史分野
04 公民分野
05 国際社会
06 SDGs問題
07 AL問題

問 15 解答例

㉆ 普段犯罪について関心を持たず他人事に感じている人が、犯罪被害者などが
報道されることで犯罪について関心を持ち、自分も犯罪に巻き込まれるかも
しれないと考え、防犯意識を高めることができること。

㉆ 普段ニュースを見ない人が自分に何か共通点のある人が犯罪に巻き込まれた
ことを知ることで、犯罪への意識を高め、犯罪をなくそうといった意識を持
つようになり、犯罪への抑止へとつながるかもしれないこと。

(1) ゆうさんの提案にそった形でルールに対する意見を言うとしたら、あなたはどのような意見を言いますか、| ① | に入るあなたの意見を書きなさい。

会話文2

> ゆ　う：他にはどんなルールが必要かな？
>
> まさみ：公式のルールでは、味方の内野同士や外野同士でボールをパスしたり受け渡したりしてはいけないんだって、このルールはどうしようか？
>
> りょう：今回はそのルールをなくしてみてはどうかな？
>
> かおる：えっ？　そのルールをなくすとどんないいことがあるの？
>
> あなた：もし、味方の内野同士と外野同士でボールをパスしたり受け渡したりしてもいいとすれば、| ② | というよさがあると思うよ。
>
> たろう：なるほど、今回は上級生と下級生がいっしょに楽しむドッジボールを目指しているんだもんね。

(2) 会話文2を読んで、| ② | に入るように、ボールをパスしたり受け渡したりしてもいいルールにした場合の良さを考えて書きなさい。

(3) 学校や地域でいろいろな学年がいっしょに活動するときに、その活動がよかった、楽しい、またやりたいなどと思えるために、大切なことはどんなことだと思いますか。次の【条件】にしたがって、あなたの考えを書きなさい。

【条件】

> ・まず、大切なことはどんなことかを書くこと。
> ・次に、それが大切だと思った理由がわかるようにあなた自身の経験を一つ書くこと。
> ・段落を変えずに書くこと。

（2021年　お茶の水女子大学附属中　改）

01 地理地形

02 地理産業

03 歴史分野

04 公民分野

05 国際社会

06 SDGs問題

07 AL問題

**問 16** ▶ 解答例

(1)

㋭ 高学年の男の子は利き腕じゃない手で下手投げをして、低学年の男の子や高学年の女の子は下手投げにしたらバランスが取れると思うよ。

㋭ 高学年の子はみんな下手投げで山なりの球にしたらどうかな。そうすれば低学年の子が怖がらないですむと思うよ。

(2)

㋭ ボールを当てやすいときに低学年の子にボールを渡すことで低学年の子もドッジボールを楽しむことができる

㋭ 低学年の子に積極的にボールを回すことで、低学年の子がボールを投げる機会を増やすことができる

(3)

㋭ 参加者の中で年齢や性別などで最も不利な子に会わせてルールを決めることが重要だと思います。高学年の人と一緒にフットベースをしたときに、高学年の子にはボールを当てて走者をアウトにしましたが、低学年の子はアウトにしませんでした。そうすることで低学年の子もヒットを打ててゲームを楽しむことができました。

㋭ みんなで協力し合って１つのことに取り組むことが重要だと思います。地域の集まりで大きな工芸品を作ることがありましたが、みんなで話し合って意見を尊重することで１人１人の目が明るくなり、完成したときにはみんなで握手をして喜びを分かち合った思い出があります。

問17　下の表は平成の衆議院議員総選挙の年代別の投票率を示している。この
　　　表を見て現在の選挙の問題点は何か答えなさい。また、その問題をどのよう
　　　に解決すればよいか、あなたの考えを書きなさい。

| 年<br>(西暦) | 平2<br>(1990) | 平5<br>(1993) | 平8<br>(1996) | 平12<br>(2000) | 平15<br>(2003) | 平17<br>(2005) | 平21<br>(2009) | 平24<br>(2012) | 平26<br>(2014) | 平29<br>(2017) |
|---|---|---|---|---|---|---|---|---|---|---|
| 回 | 39 | 40 | 41 | 42 | 43 | 44 | 45 | 46 | 47 | 48 |
| 10代 | | | | | | | | | | 40.49 |
| 20代 | 57.76 | 47.46 | 36.42 | 38.35 | 35.62 | 46.20 | 49.45 | 37.89 | 32.58 | 33.85 |
| 30代 | 75.97 | 68.46 | 57.49 | 56.82 | 50.72 | 59.79 | 63.87 | 50.10 | 42.09 | 44.75 |
| 40代 | 81.44 | 74.48 | 65.46 | 68.13 | 64.72 | 71.94 | 72.63 | 59.38 | 49.98 | 53.52 |
| 50代 | 84.85 | 79.34 | 70.61 | 71.98 | 70.01 | 77.86 | 79.69 | 68.02 | 60.07 | 63.32 |
| 60代 | 87.21 | 83.38 | 77.25 | 79.23 | 77.89 | 83.08 | 84.15 | 74.93 | 68.28 | 72.04 |
| 70代以上 | 73.21 | 71.61 | 66.88 | 69.28 | 67.78 | 69.48 | 71.06 | 63.30 | 59.46 | 60.94 |
| 全体 | 73.31 | 67.26 | 59.65 | 62.49 | 59.86 | 67.51 | 69.28 | 59.32 | 52.66 | 53.68 |

（2021年　横須賀学院）

問18　小学校6年生の湘子さんは、選挙に行かない人たちが「なぜ選挙に行か
　　　なかったのか」について調査をしました。その結果、投票に行かなかった理
　　　由として次のようなものがありました。
・用事（仕事など）があったから。
・選挙に興味がないから。
・投票しても何も変わらないから。
　　　そこで湘子さんは、選挙に行かない人たちに対して「選挙に行ってほしい」
　　　と訴えることにしました。湘子さんはどのように訴えたらよいと思いますか。
　　　あなたの考えを述べなさい。　　　　　　　（2021年　湘南学園中学校）

問 17 解答例

[例] 若い人の投票率が低いことで、若い人の意見が政治に反映されにくいのが問題である。学校の授業で投票することのメリット、投票しないことのデメリットを教えることで、投票しようという気持ちを持たせるようにする。

[例] 約 30 年間で全体の投票率が約 20%下がっていることで、民意が政治に反映されなくなっている。期日前投票ができる場所を増やして、誰もが気軽に投票できるようにすることで全体の投票率を押し上げる。

問 18 解答例

[例] 用事などがあって選挙に行きにくいのかもしれないが、現在はデパートといった人が集まる大型集合施設に共通投票所を設置し、期日前投票ができるようになっている。だから、事前にどこで投票できるか調べて、出かけるついでに投票して欲しい。

[例] 選挙は私たちが意思表示ができる方法であり、選挙で投票しないと、もし自分にとって都合の悪い政策が行われてもそれは投票しなかったことが原因といえるかもしれない。だから選挙に興味を持って、投票に行って欲しい。

[例] 1人の投票は大きな効果を持たないかもしれない。多くの選挙はそうかもしれないが、民意が熱を持ったときはこれまでの体制が変わるきっかけとなった選挙もあった。だから自分の投票がみんなを動かすきっかけになるかもしれないと思って投票に行って欲しい。

問19 近年、民主的な選挙制度が整っている国で、民主主義の後退が起きていると指摘されています。【資料】は、民主主義の後退が起きていると指摘されている国の状況です。

【資料】民主主義の後退が起きていると指摘されている国の状況

> 2010年、総選挙が実施され、過半数の議席を獲得したある政党の党首が首相になった。その首相は、憲法などの重要法の改正を重ね、裁判官の定年を引き下げて、前政権時代に任命された裁判官を大量に辞めさせ、自らが任命する裁判官に替えた。

(1)【資料】の下線部は、民主主義の後退と指摘されている事例です。このことが民主主義の後退と指摘されているのはなぜか、答えなさい。

(2)【資料】の例からも分かるように、選挙などの制度を取り入れるだけでは民主的な政治が行われるとは限らず、民主主義の後退が起きてしまうことがあります。民主主義を後退させないために有権者や国民ができることはどのようなことか、考えて答えなさい。

(2021年　鷗友学園女子)

問20 学校だけでなく家庭でも、やることやルールを議論して決めることは大切です。中学生になって自立した学校生活を送るために、新しくルールを決めるならば、みなさんの家庭でどんなルールを作るのがいいと思いますか。また、そのルールがいいと思う理由も書きなさい。

(2023年　金沢学院大学附属中学校)

問 19 解答例

(1)

[例] 行政による司法への介入によって、裁判所が政権をチェックする機能が働かない状態になっており、司法権の独立が守られていないから。

[例] 裁判所が政権に都合の良い判決しか出せなくなってしまうと、国民の自由や権利が守られなくなってしまうおそれがあるから。

(2)

[例] 国民や有権者が政治家に政治を任せきりにするのではなく、民主的な政治が行われているか監視すること。

[例] 選挙に積極的に投票率を上げることで、民意に反する政治を行うと政権交代が起きるおそれがあると政治家にプレッシャーをかける。

問 20 解答例

[例] 小学生の間は親に頼りきりの部分が強く、いきなりすべてを本人任せにするのは難しいと思われる。そこで、起床と睡眠時刻の声かけを親が行い、他は本人に任せることで段階的に自立心を持たせる。

[例] スマートフォンやタブレットなど中学校での生活に必要な道具が増えるが、勉強以外に利用することで本末転倒になるおそれがあるので、使うアプリにかかる費用は子どもに払わせ、自分の判断で使うべきものを選ばせるようにする。

問21　ある所に「ソメイノ町」という町がある。この町では、新たな大型スポーツ施設の建設により、多くの人々が移住し、町民が増えることが予想された。そんな「ソメイノ町」の町長選挙に、2人の新人が立候補した。あなたは「ソメイノ町」の住民で、1週間後に投票しに行く予定である。2人の公約を読み、支持しない候補者の名前をあげ、なぜ支持しなかったのか、その理由を説明しなさい。

大空ソメイ党：増田ますお

公約①　公共の交通機関の駅を大きくします。特急の電車が止まるようにして、住民の生活がより便利になる街にします。そのための建設費用は80億円を予定しています。

公約②　若い家族が移住しやすい街づくりのために、保育園や幼稚園、認定こども園などの施設を増やします。そのための建設費用は40億円を予定しています。

ソメイの仲間党：軽部げんた

公約①　大型スポーツ施設の周辺に、広い公園やジップライン、キャンプ場などの施設を充実し、災害時には避難所としても利用します。そのための建設費用は10億円を予定しています。

公約②　あらたなごみ処理場を建設して近隣の市町村のごみ処理を引き受けます。これにより、毎年5億円の収入を予定しています。そのための建設費用は20億円を予定しています。

(2022年　藤女子)

問22　あなたは「ある地」の歴史に着目した旅行のパンフレットを作ることになったとします。あなたは、「ある地」にどのようなキャッチフレーズ・広告文をつけますか。自分で考えて答えなさい。また、そのキャッチフレーズをつけた理由を説明しなさい。

なお、「ある地」はどこでもよいが、地名を必ず記すこと。

(2022年　森村学園　改)

問23　政治を身近に感じる方法の一つに、地方自治に関心を持つことがあります。みなさんが住んでいる町を少しでも良くするために、どんな提案ができそうですか。解決したい問題を書いた後、その解決策を考え、簡潔に書きなさい。

(2021年　桜美林中・2023年　金沢学院大学附属中学校)

問 21 ▶ 解答例

例 増田ますおを支持しません。増田ますおは若い人たちを誘致して町の活性化を図ろうとしているが、町の規模で公約の実現に必要な 100 億円以上を確保することが難しい。また、仮にそれだけのお金を得て町を変えても若い人が増えて地域が活性化して税収が増えるとは思えないから。

例 軽部げんたを支持しません。軽部げんたはごみ処理場を建設して収入を得ようとしているが、ごみ処理場の建設によって住民の健康が悪化するおそれがある。また 5 億円の収入を予定しているとあるが、実際にそれだけの収入が得られるか難しい。そして、ごみ処理場を建設すると若い人たちが町に移住しなくなり逆効果になるおそれがあるから。

問 22 ▶ 解答例

例 広島を「平和の町」として広告します。広島は世界で初めて原子爆弾が投下された場所である。現在世界の至る所で戦争や紛争が起きていることから、そうした問題について深く考える場所として広島を選んでもらえるようアピールしたい。

例 福岡を「アジアの玄関の町」として広告します。福岡は朝鮮半島や中国に近く、かつて大宰府などでアジアの人々をもてなしてきた。現在アジアの一部の国と関係が悪化しているが、かつて深い交流があったことを福岡で思い出してもらい、再び友好的な関係を築くきっかけにしてほしい。

問 23 ▶ 解答例

例 自分の住んでいる地域は同級生などの子どもが少ないため、近い将来誰も住まなくなるおそれがある。そこで自分たちの住んでいる町の良いところを SNS などで発信するとともに、移住して新しい生活をする人のために補助金を出すようにする。

例 自分の住んでいる地域は人口が減少してしまっているため、路線バスなどが減便して通勤や通学だけでなく買い物で不自由な思いをしている人が多くいる。そこで駅前の中心地に近いところに人々を集めるコンパクトシティを作るよう取り組む。

例 自分の住んでいる町は高齢者の割合が高く、また傾斜のある坂道の多い地形である。そこで、コミュニティバスを積極的に運行することで、高齢者が買い物などで不自由をしないで済むようにするべきである。

問24　人口減少が進む日本において、近年、「関係人口」が地域再生の議論の際に注目されています。「関係人口」とは、直接と間接とにかかわらず、日常生活圏や通勤・通学圏以外の特定の地域と、多様にかかわりを持つ人口のことで、「関係人口」の存在が地域の活性化につながると期待されています。

　　　「関係人口」は、日常的に生活をする定住人口や、観光のように短期的に地域を訪れる交流人口、また単なる帰省とは区別して使用されています。この「関係人口」について、次の各問いに答えなさい。

Ⅰ　「関係人口」としてかかわる人々の具体的な活動例を、1つ考えて答えなさい。

Ⅱ　なぜ、地域の活性化のために「関係人口」が注目されているのか、地域住民がかかえる課題をふまえつつ、その理由を考えて答えなさい。

（2023年　栄東）

問25　あなたは写真のような地域の首長で、この地域は次のような特色がある。この地域の「関係人口」<sup>※</sup>を増やして継続的に活気のある地域にするために、あなたは首長としてどのような取り組みを行うか提案しなさい。

| 特色 | ・冬に積雪がある。 |
|---|---|
|  | ・写真のように山林が豊富である。 |
|  | ・地域に大きな工場はほとんどなく、農業や林業に従事している人の割合が大きい。 |

※「関係人口」：その地域と何らかの関わりがある人の数。以前住んでいた、ふるさと納税制度を通じて寄付をしたなど、さまざまな形でその地域とのつながりをもつ人の総数。

（2022年　公文国際学園中等部　改）

問 24 解答例

Ⅰ

㋛ 地域のイベントを住民とともに企画・運営する。

㋛ 通勤・通学先で食事などをするといった消費活動をする。

Ⅱ

㋛ 住民の高齢化によって地域の担い手となる人口が減少し、住民や自治体だけ
では、地域の活力を維持・向上させていくことが難しいから。

㋛ 人口が減少していることで消費活動も減少しているため、その地域で活動し
ている人たちによる消費活動が地域の維持や活性化に不可欠だから。


問 25 解答例

㋛ 冬に積雪があり、山林が広がっているので定住するのは難しいかもしれない
が、夏はキャンプ場として利用することで、山林で採れる資源を利用して楽
しんでもらい、再び来てもらうことで関係を築いていきたい。

㋛ 冬は積雪があって住みにくいかもしれないが、春になれば広い土地を利用で
きる。そうした土地を農地で貸し出すか、そこに住む農家に代わりに作物を
育ててもらうことで、住民との交流を作り関係を築いていきたい。

問26　インターネット投票を実施するにあたって考えられる、社会全体に影響を与える問題点に必ずふれ、インターネット投票についてのあなたの考えを書きなさい。

（2023 年　明治大学付属明治　改）

問27　次の表はアジアや欧米の 9 カ国の 17 〜 19 歳に対して 2019 年に行ったアンケートの中で、「あなたが解決したいと思っている社会課題は何ですか」という質問に対する回答です。表中の☆印は 9 カ国全てで 5 位以内共通して入っていた項目です。☆にあてはまる内容を考えて答え、そのためにはどのような解決法が考えられるか、具体的に説明しなさい。

| | 日本 | インドネシア | インド |
|---|---|---|---|
| 1位 | ☆ | 社会的弱者に対する差別をなくす | 皆が義務教育を受けられるようにする |
| 2位 | 政治を良くする | 教育全体のレベルを上げる | 教育全体のレベルを上げる |
| 3位 | 社会的弱者に対する差別をなくす | ☆ | ☆ |
| 4位 | 障害者が住みやすい社会を作る | 障害者が住みやすい社会を作る | ジェンダーの平等を実現する |
| 5位 | ジェンダーの平等を実現する | 皆が義務教育を受けられるようにする | 政治を良くする |

| | 韓国 | ベトナム | 中国 |
|---|---|---|---|
| 1位 | 政治を良くする | ☆ | 教育全体のレベルを上げる |
| 2位 | 社会的弱者に対する差別をなくす | 気候変動対策 | ☆ |
| 3位 | ジェンダーの平等を実現する | 教育全体のレベルを上げる | 皆が義務教育を受けられるようにする |
| 4位 | ☆ | 健全な海の確保 | 社会的弱者に対する差別をなくす |
| 5位 | 教育全体のレベルを上げる | 社会的弱者に対する差別をなくす | ジェンダーの平等を実現する |

| | イギリス | アメリカ | ドイツ |
|---|---|---|---|
| 1位 | 気候変動対策 | ☆ | 健全な海の確保 |
| 2位 | ☆ | 気候変動対策 | 気候変動対策 |
| 3位 | 健全な海の確保 | 社会的弱者に対する差別をなくす | ☆ |
| 4位 | 社会的弱者に対する差別をなくす | 皆が義務教育を受けられるようにする | 社会的弱者に対する差別をなくす |
| 5位 | 皆が義務教育を受けられるようにする | 健全な海の確保 | 政治を良くする |

（日本財団「18 歳意識調査」より）

（2021 年　明治大学付属明治）

問 26 ▶ 解答例

例 インターネットで投票するとなると、コンピュータウイルスなどによって投票が操作され公正な選挙が行えなくなるおそれがある。だから私はインターネットによる投票を行うべきではないと思う。

例 インターネットによる投票となると、インターネットを使えない人が投票できなくなるおそれがある。だから、すべての人にインターネット投票を認めるのではなく、インターネットが使えて自宅が出られないなど特別な事情のある人にだけ認めるとよい。

問 27 ▶ 解答例

例 「☆」は貧困に関することです。貧困に苦しんでいる人たちは十分な教育を受けられずに収入の少ない仕事を選ばざるを得ない人が多い。だから貧困に苦しんでいる人たちが社会で自立できるように、十分な教育が受けられる環境が整った学校を建設するだけでなく、家事手伝いの負担を減らすことまで考えて行う必要があると思います。

例 「☆」は貧困に関することです。貧困に苦しんでいる人はその日暮らしの人が多く、新しい仕事を探すにもそのための時間が取れない可能性が高い。そこで、国がベーシックインカムを導入して貧困に苦しむ人にも最低限の生活ができるだけの金銭的支援を行い、そしてより生活をよくするために仕事を探してほしい。

問28 「少子高齢化」について、あなたは「少子高齢化」が進むとどのような問題が生じると思いますか。そして、あなたが考えた問題点を解決するためには、どんな対策が必要だと思いますか。それぞれ自分の考えをまとめなさい。

(2021年　埼玉平成中)

問29　次の「少子化の原因とその背景にある要因」を見て、あなたが最も改善すべきであると考える要因を1つ挙げ、その要因の改善に効果的な対策を考えて説明しなさい。

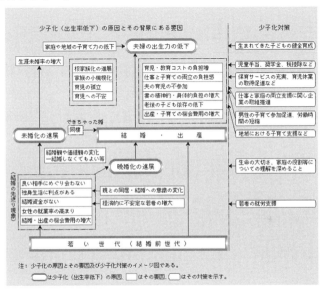

（内閣府『少子化社会白書』
https://www8.cao.go.jp/shoushi/shoushika/whitepaper/measures/w-2004/html_g/html/gg121000.html より作成）

(2021年　ドルトン東京学園)

問30　「人種差別は治安の悪化を招くから禁止するべきだと思う。」という主張に対して、どのような反論が考えられますか。根拠の妥当性（それが人種差別を禁止すべき理由として適切かどうか）に着目して、あなたの考えを書きなさい。

(2021年　茗渓学園)

01 地理地形　02 地理産業　03 歴史分野　04 公民分野　05 国際社会　06 SDGs問題　07 AL問題

### 問 28 解答例

[例] 少子化が進むことで労働力の低下が起こり、高齢者への介護などが十分に行えなくなるおそれがある。そこで外国人労働者を増やすことで労働力不足を補い、高齢者への十分なケアができるようにする。

[例] 第一次産業の従事者の多くが高齢者だが、今後そうした高齢者が仕事ができなくなると日本の第一次産業はさらに衰退するおそれがある。そこでAIなどのコンピュータ技術を第一次産業に積極的に導入することで、少ない労働力で多くの収穫量が得られるようにする。

### 問 29 解答例

[例] 経済的な事情により女性の晩婚化や出生力の低下が起きることで少子化が進んでいると考えられる。そこで、国や地方自治体が子どもを育てるために必要なお金を補助することで安心して子どもを産むことのできる環境を整える。

[例] 一人でいることの気楽さや、出産してから少人数で育児に専念しなくてはならない精神的な負担が少子化を進ませているように思う。国や地方自治体は積極的にコミュニケーションをとることができる機会を作らせることで、結婚への意識を高めさせるとともに育児への負担を近所の人同士で支え合うことができる環境を作った方が良い。

### 問 30 解答例

[例] 人種差別による発言は特定の人物へのものであり、治安を悪化するほどのものではないという反論が出るかもしれないが、ヘイトスピーチに対して不快感を持つ人がおり、そうした人たちが人種差別をしている人たちと衝突することで治安が悪化することが考えられる。

[例] 人種差別される人間はそれなりの問題があるからであり、そうした人たちがいなくなる方が治安は良くなるという反論が出るかもしれない。ただ、人を排除するといった取り組みが知られると町全体のイメージが悪くなり人が来なくなるおそれがある。

問31　たとえば、みなさんの通っている学校で、視覚に障がいのある児童が授業を受ける場面を考えたとき、どのような障がい（バリア）があると思いますか。また、それはどのようにすれば解消（フリー）できると思いますか。

（2021 年　東洋英和女学院）

問32　超高齢社会である日本では、高齢者の介護の問題はとても重要です。【資料】は、介護を必要とする高齢者と介護を行う人との関係（2019 年）をあらわしています。

【資料】介護を必要とする高齢者と介護を行う人との関係（2019 年）

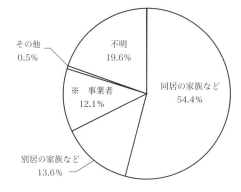

※事業者…自宅や施設で介護サービスを提供する事業者のこと。
（厚生労働省「2019（令和元）年 国民生活基礎調査」をもとに作成）

　日本の現在の介護の状況について、【資料】から読み取った特徴を 1 つ挙げなさい。さらに、そうした状況で起こり得る問題点を 1 つ挙げ、その問題点を解決していくためには国がどのような福祉政策を行うことが望ましいか、考えて答えなさい。

（2021 年　鷗友学園女子　改）

問33　子どもが安心して生活できる社会をつくるためには、どのような支えんを行うことが必要と考えますか。その支えんが必要な理由をふくめ、あなたの考えを書きなさい。　　　　　（2023 年　桐朋女子中）

01 地理地形
02 地理産業
03 歴史分野
04 公民分野
05 国際社会
06 SDGs問題
07 AL問題

問 31 解答例

[例] 黒板に書かれたことが見えず、授業の内容について行けないおそれがある。授業の内容を録音することで、授業後も復習できるようにする。

[例] 視覚に障がいがあることで体育の授業でケガをするおそれがある。体育の授業ではクラスメイトが付き添いをすることでケガへのケアをするとともに、パラスポーツの魅力を学ぶ機会を作ることで障がい者への配慮をクラスが持てるようにする。

問 32 解答例

[例]【資料】より、介護が家族によって主に行われていることがわかる。このような状況では、介護を担うために仕事を辞めなければならないということが起こる。高齢者の介護の状況をより良くしていくためには、国の支えんによって、家族が介護サービスを利用するのに必要な費用を補助し、事業者による介護を利用する割合を増やしていくことが望ましい。

[例]【資料】より、現在は介護を同居の家族が行っている。しかし、現在の日本は独居生活をする人が増えつつあり、将来的に介護をしてもらえる人がいなくなり孤独死をする人が増えるおそれがある。そこで国は介護が必要な人が集まって暮らすことのできる施設を作り、施設内で介護士に世話をしてもらうことで高齢者の孤独死を減らすように努めた方がよい。

問 33 解答例

[例] 親が仕事などで家にいない時間が長く、1人で留守番などをしていて安全に不安がある。フリースクールや習い事への補助金をつけることで、大人といられる時間を増やすことで、家に1人でいる時間を短くする。

[例] 親が仕事をしていたり経済的な理由で家事に時間を取られ自分の時間が自由に持てないヤングケアラーが問題になっている。国は子どものいる家庭に補助金を出し、親が仕事に取られる時間を減らし、子どもといっしょに過ごせる時間を増やす。

問34　日本では、男性と女性が責任を分かち合い、対等な立場でその能力を活かすことができる男女共同参画社会を実現するための取り組みが続けられている。この取り組みをより進めつつ、少子高齢化の急速な進行を食い止めるにはどうしたらよいか。次の資料1〜4を参考にして、少子高齢化が進んでいる原因と、どのようなことを改善すればこの問題をくい止めることができるかの案を考え、女性の社会進出の状況の変化に触れながら説明しなさい。

01地理地形
02地理産業
03歴史分野
04公民分野
05国際社会
06SDGs問題
07AL問題

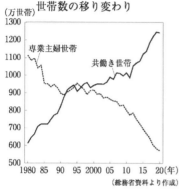

資料1　専業主婦世帯と共働き世帯数の移り変わり
（万世帯）
（総務省資料より作成）

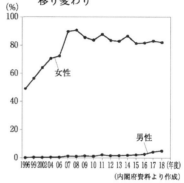

資料2　男女別育児休暇取得率の移り変わり
（%）
（内閣府資料より作成）

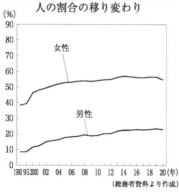

資料3　男女別，非正規雇用で働く人の割合の移り変わり
（%）
（総務省資料より作成）

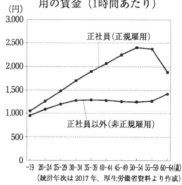

資料4　年代別正規雇用・非正規雇用の賃金（1時間あたり）
（円）
（統計年次は2017年，厚生労働省資料より作成）

（2022年　立命館慶祥　改）

問 34 解答例

[例] 女性が仕事をするようになり、専業主婦世帯が減り共働き世帯が増えている。子どもを産んでも女性の育児休暇は取得しやすいが男性は取得しづらく、仕事と育児の両立が難しい。そこで、会社が積極的に育児休暇を取得する環境を整え、また育児期間はテレワークを行えるようにすることで、仕事と育児の両立が図れるようにする。

[例] 女性が仕事をするようになり、専業主婦世帯が減り共働き世帯が増えている。ただし、女性の非正規雇用の割合が高く、非正規雇用の収入も少ないことから子育てに必要な十分な収入が得られず少子化が進んでいると考えられる。そこで、女性の正規雇用を進め、男女どちらかが交互に育児休暇を取れる環境を整えることで、男女ともに仕事と育児の両立を図り充実した生活を送れるようにする。

問35 いずみさんは社会の授業で「みんなの公園をつくって、社会問題を解決しよう」というテーマで話し合いました。いずみさんを含ふくむ3人の生徒が書いた、下の意見カードを読んで、問いに答えなさい。

さちこ

> 私は、働くお母さんやお父さんたちが子育ての相談や情報交換できる公園がいいと思います。現在より少子化が進み、このままだと働く人が減ります。公園でイベントを開いてベビー用品をゆずり合ったり、子育ての悩みを誰かと共有できれば、子どもをもちたい人が増え、少子化問題も解決できそうです。

つとむ

> ぼくは、日本にいる外国人が気軽にサッカー教室を開ける公園がいいと思います。スポーツは年齢や文化などを超えて交流できる良さがあります。外国人の中にはコロナの影響で仕事を失った人もいるから、サッカーで新しい仕事を生み出せるかもしれません。

いずみ

> 私は投票会場として利用する公園がいいと思います。日本人は選挙権があっても、若者ほど投票する人が少ないことが問題だと思います。選挙は、私たちが国の政治に関わることのできる大切な場だと理解すべきです。公園を通りかかれば選挙があることを思い出すので、投票率が上がるかもしれません。

あなたも「みんなの公園をつくって、社会問題を解決しよう」というテーマで意見を書いてみましょう。ただし、3人の生徒とは異なる社会問題を取り上げなさい。また、3人の生徒の意見をよく読み、その形式にならって書くこと。

(2023年 恵泉女学園)

01 地理地形
02 地理産業
03 歴史分野
04 公民分野
05 国際社会
06 SDGs問題
07 AL問題

問35 解答例

[例] 各自の家庭料理を持ってきて食べ合う機会が作れる公園がいいと思います。今は様々な国の人が生活しているが、近所付き合いが減りどういう人かが分からないので、料理を通じて世界の文化に触れ、お互いの文化を理解し合うことで安心して暮らせると思うから。

[例] ギネス世界記録を狙うイベントを行う公園がいいと思います。人口が減少している中、みんなが注目するイベントを行うことで、観光の名所になり、多くの人が訪れることで関係人口を増やすことが期待できるから。

問36　次のグラフは、日本における男女別に見た 1 日あたりの有償労働時間と無償労働時間を表したものです。そして経済が比較的発展している国で、女性の無償時間が男性の無償時間の何倍かという数値も示しています。なお、有償時間とは賃金が支払われる労働時間です。また、無償時間には「日常の家事」「買い物」「世帯員のケア」「ボランティア活動」などがふくまれます。

　　また、次の表は日本の男女格差をいくつかの項目にしぼり、ジェンダーギャップ指数の数値と世界の順位をまとめたものです。SDGs の「ジェンダー平等を実現しよう」の視点からすると、日本は他国と比較して平等とはいえません。発展途上国や政治が不安定な国でもジェンダーの問題は大きいのですが、日本と同じ状況ではありません。

　　グラフおよび表を見て、日本の社会における不平等はどのような点にあり、その問題点をより良い方向に変えていくために、あなたはどのように取り組んでいく必要があると考えますか。具体的に説明しなさい。

男女別に見た 1 日あたりの
有償労働時間と無償労働時間（日本）

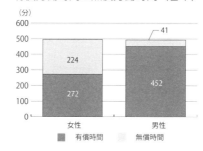

| 国別に見た無償時間の男女比（女性÷男性） | 日本 | ドイツ | アメリカ | スウェーデン |
|---|---|---|---|---|
| | 5.5 倍 | 1.6 倍 | 1.7 倍 | 1.3 倍 |

日本におけるジェンダーギャップ指数（2021 年）

| | 日本の指数 | 世界の平均指数 | 日本の順位<br>（154 か国中） |
|---|---|---|---|
| 総合 | 0.656 | 0.677 | 120 |
| 同一労働の賃金における男女比 | 0.651 | 0.628 | 83 |
| 文字を読める人と読めない人の男女比 | 1.000 | 0.897 | 1<br>（1 位は複数ある） |
| 国会議員の男女比 | 0.110 | 0.312 | 140 |

※指数が 1 の場合は完全な平等であり、指数の数値が低くなるほど不平等であるといえる。

内閣府男女共同参画局 HP より作成

（2022 年　大妻多摩中）

[問36] 解答例

[例] 日本は男女で教育を受ける機会の差は小さいにも関わらず、女性は無償労働に多くの時間を費やすという不平等な役割分担が見られるので、家事・育児に男性も参加しやすい社会になるよう呼びかける。

[例] 日本は現在男女に関わらず社会で活躍することを目指しているにも関わらず、女性の方が男性よりも無償労働が多いという男女間の格差が生じているのが問題である。男女ともに働いているのであれば、男性も育児や介護などの無償労働に関わることで、格差を無くす努力を男性が積極的に行うべきである。

問37　近年、世界ではキャッシュレス決済が広まりつつある。次の資料1～4を参考にして、キャッシュレス決済の利点と、キャッシュレス決済を広めるために必要な取り組みを考え、説明しなさい。解答するにあたり、以下の用語を必ず使用しなさい。（同じ用語を何度使用してもかまいません。）

（用語：　時間　負担　安心　新たな取り組み）

資料1　キャッシュレス決済のおもな手段

| 電子マネー | クレジットカード |
|---|---|
| 　さまざまな会社が独自に発行している電子的なお金。店のレジ、バスや電車、駅の改札機をタッチして支払う。使うには前もってカードやスマートフォンなどにチャージ（入金）しておく必要がある。 | 　店で支払いをするときに使うと、現金がなくても商品やサービスを受け取ることができるカード。代金はカード会社がたてかえて払い、あとで自分の銀行口座などから自動的に引き落とされる。 |

資料2　完全キャッシュレス決済の店

> 　おつりの用意をしなくてすみ、お金の受けわたしでミスをする心配がない。また、現金を数えて、店の売り上げを確認するなどの手間も必要ない。

資料3　キャッシュレス決済を利用する上での不便や不安

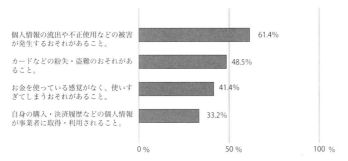

資料4　キャッシュレス決済の事業者に望む改善点

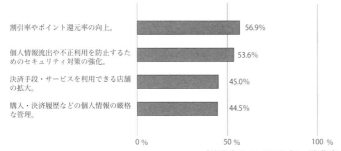

（統計年次は 2019 年、消費者庁資料より作成）

（2021 年　立命館慶祥　改）

問 37 解答例

[例] キャッシュレス決済の利点は、利用者は買い物の際に時間を短縮することができること、お店は売り上げの管理のための負担を減らすことができるのが利点である。しかし、利用者とお店ともに情報が盗まれるのではないかと不安を抱えている。そのためセキュリティを強化して安心して使えるようにするとともに、ポイントなどサービスを充実させるといった新しい取り組みを進めることで利用する人やお店を増やしてより信頼を高めた方がよい。

[例] キャッシュレス決済の中には前もってチャージする必要があり、それを利用することでお金の管理をしながら利用することができる。お店も完全キャッシュレスを導入すればお金の管理をコンピュータがするのでミスが減るといった安心が得られる上に管理にかかる人的負担や時間を抑えることができる。しかし、キャッシュレス決済は利用できる店舗が少なく、利用者が安心してキャッシュレス決済を利用しづらいのが課題である。そこでサービスやポイントを充実させ、セキュリティの強化といった新たな取り組みを行うことで、利用客が安心して利用し、お店にも負担がかからないようにしたほうがよい。

問38　2011年3月11日、東日本大震災により原子力発電所の事故が発生し、その後停止された大飯原子力発電所を再び動かすことについて様々なメディアが報道しました。私たちがある出来事に対して意見を持つ上で意識するべき事は何か考えなさい。また、なぜ私たちはそうした意識を持つべきなのかの理由も合わせて答えなさい。　　　　　　　　　　（2021年　立教池袋　改）

問39　近年、多様な分野において、デジタルトランスフォーメーション（DX）が進められている。デジタルトランスフォーメーションの導入によって現在の日本の医療の課題はどのように解決されると考えられるか。次の資料1〜4を見て、現在の医療の課題を取り上げ、それについて考えられる解決方法を説明しなさい。

資料1　デジタルトランスフォーメーション（DX）とは

> デジタル技術を浸透させることで人々の生活をより良いものへと変革し、従来の価値観や枠組みを根底から覆すような革新的な変化をもたらすこと。

資料2　日本の医療の課題

> ・オンラインなどで診療を受ける遠隔診療が本格化されていない。
> ・看護師が不足している上、医師や看護師の業務量が多く、残業時間が長い。
> ・医師も看護師も業務に追われて患者の情報が書かれたカルテの作成を後回しにしてしまい、リアルタイムに記録できていない。

資料3　人口10万人あたりの医師数　　資料4　新たな医療技術のイメージ

（統計年次は2018年
2022年版『データで見る県勢』より作成）

（2023年　立命館慶祥　改）

問38 解答例

[例] 自分自身の意見を持つことが重要だと思う。メディアの言葉をうのみにしてしまうことがあるが、自分の身を最後に守るのは自分なので、自分自身が正しいと思う情報を利用して災害に備えた方がよいから。

[例] 自分とは反対の立場の意見にも耳を傾けることが重要だと思う。自分だけの考え方では視野が狭くなるが、反対の立場の意見を聞くことで自分の考えをより説得力のあるものに変えることができると思うから。

問39 解答例

[例] 現在の日本の医療は地域によって人数の格差が大きく、十分な医療を受けられない地域がある。オンラインによる診療ができるようになると、比較的人が足りている地域の医者が足りていない地域の人への診断を行うことで地域の格差を縮めることができる。

[例] 看護師が不足しているために看護師の負担が大きいのが問題である。ただ、AIによる音声入力で自動でカルテを作成したり、音声による相談ができるようになれば、看護師の負担が減少し仕事がしやすくなる。

問40　いくつかの会社では生ではなく、ゆでるなどしてから粒に分けたトウモロコシ（ホールコーン）を缶詰で販売しています。しかし、ある会社では缶詰からプラスチックを利用したパック容器に変更し、現在もさらに改良しようとしています。

　　今後、このプラスチックのパック容器をさらに改良した容器にするとしたら、どのようなものが考えられますか。あなたの考えを1つあげて、そのようなものにする理由を説明しなさい。　　　　　　（2023年　國學院大學久我山）

問41　日本の行政の組織には省のほかにも内閣府もあり、内閣府に所属する組織の一つに消費者庁があります。現在、消費者庁はエシカル消費の普及にも力を入れています。エシカル消費とは、人、社会、地域、環境に配慮した消費のことです。エシカル消費にあたるような例を一つあげ、その例がどのように人、社会、地域、環境に配慮しているか、具体的に文章で説明しなさい。
　　　　　　　　　　　　　　　　　　　　　　（2022年　横浜雙葉）

01 地理地形　02 地理産業　03 歴史分野　04 公民分野　05 国際社会　06 SDGs問題　07 AL問題

問 40 解答例

[例] パックをせんいなどの自然のもので作ることで、もしパックが捨てられても残ることなく自然に還ることで廃棄物の問題を少しは解消できるから。

[例] 海に放出してもすぐに分解されるプラスチックを開発すれば、魚が誤ってプラスチックを飲み込まなくなり、環境問題も少しは改善されると思うから。

問 41 解答例

[例] フェアトレードの商品を積極的に購入することで、貧困に苦しんでいる世界の農家を支えることにつながり、将来的な世界の産業の発展につながるはずだから。

[例] 地産地消された農作物を積極的に購入することで、自分たちの暮らしている地域を支えることに加え、二酸化炭素の排出を抑えられることで地球環境にもいいと思うから。

問42　2020年11月、菅義偉首相（当時）は30年後の2050年までに日本の温室効果ガスの排出量を全体として実質ゼロにするという目標を示しました。国内の森林資源を活用して二酸化炭素の排出量を削減していこうとする場合、何が課題となりますか。また、今から10年程度の間にどのような取り組みが求められますか。課題と取り組みについて、次の2つの資料を読み取って、それぞれ説明しなさい。

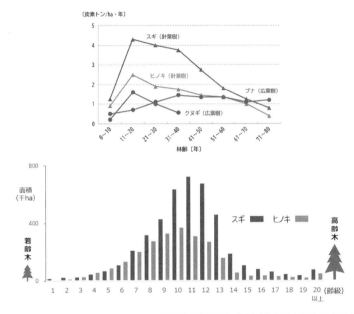

（林野庁「森林資源の現況（平成29年3月31日現在）による」）

（2021年　筑波大学附属中）

問43　新型コロナウイルス感染症の影響で経済活動が制限させられています。制限されている理由をふまえた上で、経済を活性化させるためには個人としてどのようなことをすればよいと考えますか。その方法を述べなさい。

（2021年　大妻中野　改）

問44　新型コロナウイルスが流行したことで悲しい話が数多く聞かれました。その一方で、売り上げを伸ばした業種や、新しく生まれた業種もあります。その例を1つあげて、どうしてうまくいくことができたのかを考えて説明しなさい。

（2021年　桜美林中）

問 42 ▶ 解答例

㋰ 現在の日本でスギやひのきは樹齢 30 〜 60 年くらいのものが多く、炭素吸収量の多い若い木が少ないことがわかる。そこで植樹活動を積極的に進めることで、炭素吸収量の増加を目指した方がいい。

㋰ 現在の日本のスギやひのきは、炭素吸収量が減少傾向にある 30 年以上のものが多く占めている。まずはそうした 30 年以上生長した樹木を伐採して新しくスギやひのきを植生する。一方伐採した樹木でプラスチック容器に代わる容器を作ることで、プラスチックの焼却時に発生する二酸化炭素の排出量を抑えるようにする。

問 43 ▶ 解答例

㋰ 制限されているのは、経済活動を進めると人の行き来も盛んになり感染拡大が起こりやすくなるおそれがあるから。そこで、テレワークや宅配業を積極的に利用することで人と直接接触する機会を減らしての交流を進めながら経済を活性化するとよい。

㋰ 制限されているのは、経済活動を進めると人の行き来も盛んになり感染拡大が起こりやすくなるおそれがあるから。そこで観光業は観光地の映像を有料で配信することで収入を得るとともにコロナウイルスが終息してから多くの観光客が来てもらえるように準備をしておく。

問 44 ▶ 解答例

㋰ 外出をひかえて自宅にいる時間が増えたので、飲食店の料理が食べたい時には配達を頼む人が多くなった。そのこともあって、飲食店の料理を配達する企業の活躍が目立った。

㋰ 会社からの指示でテレワークをしなければならなくなり、通信機器などを整備する必要にせまられたため、パソコンなどを販売する企業や、インターネットの整備に関わる企業の活躍が目立った。

問45　オリンピック東京大会の開催が決定される以前から日本の社会の中にはさまざまな問題がありました。実施期間がせまる中で改めて浮きぼりになった問題がいくつもあります。その中で、最優先で解決すべきものは何だと考えますか。その問題が抱えてる現状と、どのような解決方法が有効だと考えられるか、具体的に説明しなさい。　　　　　　（2022 年　明治大学付属明治）

問46　現代の社会では公共のもののあり方が問われています。国や地方公共団体が担うのか、民間企業にゆだねるのかに関わらず、わたしたちがどこまでを公共のものとして「みんな」で支え合うか、どこから個人の問題と考えるのかが問われているといえます。しかし、個人で抱えているようにみえる問題でも「みんな」で支えることで解決するものもあります。そのような問題を一つ挙げ、それを解決できるような「みんな」で支える仕組みを考え、説明しなさい。　　　　　　　　　　　　　　　　　　（2023 年　麻布中）

問47　あなたはお正月にお年玉をもらい、そのお年玉の一部をどこかの団体・機関に寄付しようと考えたとします。候補に上がった次の 5 つの団体・機関のうち、どこに寄付をしたいと考えますか。またその理由を、現在の国内外の社会の状況と関連させながら、説明しなさい。

| ① | 国境なき医師団 | 紛争や自然災害、貧困、感染症の流行など、医療が不足する地域で必要とされる医療を提供する NGO。 |
| ② | WWF | 地球上の生物の多様性を守り、人と自然が調和して生きられる未来を目指す、世界最大規模の自然環境保護を目指した NGO。 |
| ③ | UNICEF | 主に発展途上国の子どもたちに対し、予防接種の普及、食糧、医薬品などの提供、教育・職業訓練などの援助を行っている国連機関。 |
| ④ | UNHCR | 紛争や迫害などにより故郷を追われた人々を国際的に保護・支援し、難民問題の解決へ向けた活動を行う国連機関。 |
| ⑤ | カタリバ | 日本の 10 代の中学生・高校生を主な対象として、安心して学びを深め、充実した教育を受けることのできる場所や機会の提供などを行っている NPO。 |

（2021 年　西武学園文理）

問 45　解答例

例　ジェンダーや難民など社会的に弱い人たちに対する差別が依然として日本に
　　強く残っていることが改めて浮き彫りになった。ただ、そうした考えを持つ
　　人は一部であり、多くの人は不快感を示していた。だから、幼い頃からジェン
　　ダーや人権に関する教育を十分に行えばそうした差別的な言動は減ってい
　　くことが期待できるので、学校の授業で人権教育を積極的に取り入れていく
　　とよい。

例　東京オリンピックの開会に合わせて国立競技場を改めて建設したが、日本は
　　高度経済成長の頃に建てられたものが多く老朽化している問題がある。ただ、
　　不必要な再開発は余計な費用をかけることになるので、老朽化して災害時に
　　二次被害を生む可能性のある施設はできるだけ早く取り壊すべきだが、その
　　後の再開発については住民とよく話し合って決めるべきである。


問 46　解答例

例　子どもの中には家事や介護などに時間を取られて自分の時間が取れないヤン
　　グケアラーが問題になっている。国や地方自治体が介護福祉士などを派遣す
　　ることで子どもに自分の時間を取れるようにして、子供が心身ともに成長す
　　る機会が奪われないようにする。

例　重病にかかった子どもを救うために海外で手術を受けようとしても、外国へ
　　の渡航費用や渡航先での医療費が高くて実現することが難しい場合に、クラ
　　ウドファンディングによる寄付を著名人にも協力してもらって集めることで
　　子どもの命を救おうとすること。


問 47　解答例

例　私は①に寄付をします。現在世界は新型コロナウイルスに苦しめられ、特に
　　ワクチン接種が行き届いていない国での感染拡大が問題になっているため、
　　国境なき医師団の活動によって１人でも多くの人が助かって欲しいから。

例　私は②に寄付をします。人類は多くの自然を破壊するという取り返しの付か
　　ないことをしました。新型コロナウイルスもそれが原因で感染拡大したのか
　　もしれません。そこで WWF に自然を保護してもらうことで、将来新たに出
　　てきたウイルスを撲滅するための治療薬になるかもしれない生物を救っても
　　らいたいからです。

問48　表1、表2が表すように、現在、日本国内にはさまざまな国、さまざまな年齢の外国人が生活をしています。

【表1】日本に住む外国人の出身国（2019年）

| 出身国 | 総数（人） | 割合（%） |
|---|---|---|
| 中国 | 786,241 | 27.7 |
| 韓国 | 451,543 | 15.2 |
| ベトナム | 371,755 | 14.0 |
| フィリピン | 277,409 | 9.6 |
| ブラジル | 206,886 | 7.2 |
| ネパール | 92,804 | 3.3 |
| その他 | 642,778 | 23.0 |

【表2】年齢別外国人の割合（2019年）

| 年齢（才） | 割合（%） |
|---|---|
| 0～9 | 6.3 |
| 10～19 | 7.1 |
| 20～29 | 30.3 |
| 30～39 | 22.0 |
| 40～49 | 14.5 |
| 50～59 | 10.5 |
| 60～69 | 5.6 |
| 70～79 | 2.6 |
| 80以上 | 1.1 |

（総務省「在留外国人統計」より作成）

　私たちがともに生きる社会をつくるためには、どのような課題があると考えられますか。また、その課題を解決するためには、どのような工夫が必要か、あなたの考えを書きなさい。
　　　　　　　　　　　　　　　　　　　　　　　（2021年　桐朋女子中）

問49　海外から来た人々と交流することをよりよいものにするために、新型コロナウイルスなどの病気の感染防止以外に、あなたが心がけたいと思うことを書きなさい。また、なぜそのことを心がけたいと思うのか、理由も書きなさい。
　　　　　　　　　　　　　　　　　　　　　　　（2021年　福岡女学院）

問50　日本に働きに来た外国人とその家族の人権を守るためには、どのような政策や活動が必要だと考えられますか。君が考える政策や活動の内容とそれが必要である理由を説明しなさい。
　　　　　　　　　　　　　　　　　　　　　　　（2022年　麻布中）

01 地理地形｜02 地理産業｜03 歴史分野｜04 公民分野｜05 国際社会｜06 SDGs問題｜07 AL問題

問 48 ▶ 解答例

⑩ 日本に来ている人の多くは現場での労働など安い賃金で働かせられている可能性がある。そこで企業が彼らに積極的に重要な仕事を任せることで労働意欲を高めた方が良い。

⑩ 全体的に若い人が多く、労働目的で日本に来ている。また、高齢者の割合が低いことからある程度仕事をしたら母国に戻る可能性が高い。そこで地域の人々が祭りや催し物などで積極的に彼らと交流することで、日本に長くいてもらえるようにすると良い。

問 49 ▶ 解答例

⑩ 外国人に対して笑顔を振りまくようにしたい。現在の日本は観光業を中心に産業の活性化を図っている。訪日外国人が日本に対して好印象を抱いて帰ることで日本の良さを周りにアピールしてさらなる訪日外国人の増加が見込めるから。

⑩ 様々な国の風習や禁忌などについて学んでおきたい。宗教上における禁忌が原因でトラブルが生じることがあるので、その人たちが嫌だと思うことをしないことで日本への印象を高め、また日本に来てもらうことでインバウンド需要を高めたいから。

問 50 ▶ 解答例

⑩ 日本の風習や考え方になじめない外国の人も多くいると思うので、その地域で行う集会や祭などへの参加を積極的に呼びかけ、お互いのことを理解し合うことで余計なトラブルなどが起きないようにした方がよい。

⑩ 外国から日本に来た人は日本人に比べて社会的な待遇がよくないといった問題があるので、労働条件に関する法律を制定して待遇などでの差別を解消することで、外国人の労働者も充実した生活を送れるようにすること。

問51　世界では、18歳未満の子どもたちが様々な形で働かされている現状があり、これを「児童労働」と呼びます。図1に示したグラフによると、特にアフリカ大陸での児童労働（5歳〜 17 歳の労働）の数が多いことが分かります。

　　子どもたちにも賃金が支払われることがありますが、子どもたちの将来を考えて、これまでに様々な国際条約において児童労働を禁止し、撤廃する動きがさかんに行われています。なぜ、児童労働はよくないのか、問題文や図1や報告書の一部を参考にして、あなたの考えを書きなさい。

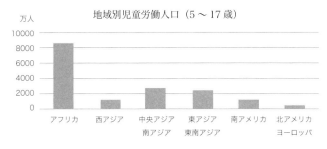

図1　国際労働機関・国連児童基金：児童労働（2020年の世界推計）より作成

10 歳のシルビーちゃんは、母親とお姉ちゃんと共に週5日間、朝6時から午後5時まで平均8個のレンガを頭に乗せて本道まで数百メートル運ぶ仕事をしています。レンガ1個の重さは2.6キロあり、シルビーちゃんが1回に運ぶ重さは20 キロを超えるとみられます。母親の説明によれば、子どもが1日に運搬するレンガの数は 200 個、大人では 500 個になるそうです。レンガ1個当たりの運搬料は9アリアリ（約 0.3 円）であるため、子どもの日給は 61 円ほどになると見られます。

（2022 年　多摩大学附属聖ヶ丘中学校　改）

問52　今後、日本は国内世界でおきうる飢餓に対してどのように取り組めばよいか。答えなさい。　　　　　　　　　　　（2022 年　海陽中等教育　改）

01 地理地形
02 地理産業
03 歴史分野
04 公民分野
05 国際社会
06 SDGs 問題
07 AL 問題

問 51 解答例

㋞ 仕事をしている間は勉強ができず、今後も十分な収入が得られる仕事が与えられず、賃金の安い仕事や肉体労働といった負担の大きい仕事しか選べないおそれがある。国は学校を作って親に対しては義務教育を受けさせることを義務化することで、子どもに学校に行かせるようにする。

㋞ 子どもは大人よりも体がしっかりしていないため、労働力として十分な効果が得られず、仕事中にケガをするおそれがある。政府は公共事業に力を入れ、大人が十分な賃金を得ることで、子ども達に仕事を強いる必要のない社会の実現を目指した方がよい。

問 52 解答例

㋞ 日本は飢餓に苦しんでいる人は世界で比べると少なく、一方で大量の食品ロスをしている。その量は世界で飢餓に苦しんでいる人を救うのと変わらない量である。だから、私たちは食品ロスを抑え不必要な輸入を減らすことでその分の食料を飢餓に苦しんでいる人に配分するとよい。

㋞ 日本は狭い土地で多くの農作物を育てる集約的農業を行っていて農業技術は他の国に比べて高いはずである。その技術を飢餓に苦しんでいる国の人たちに提供することで、収穫量を増やすことで飢餓から抜け出せるようにするべきである。

問53　国際連合は、さまざまなテーマについて国際社会の関心を高めるために、国連デーという記念日を定めています。国連デーには、資料にあげられたテーマのほか、私たちの生活にとっても身近な「食」や「住居」についての記念日もあります。下の図1、図2は、その一部を表にしたものです。

資料

> 国連デー
> 特定の日、または一年間を通じて、平和と安全、開発、人権／人道の問題など、ひとつの特定のテーマを設定し、国際社会の関心を喚起し、取り組みを促すため制定します。

図1
「食」にかかわる国連デー

| 日にち | 名称 |
| --- | --- |
| 2月10日 | 世界豆デー |
| 5月2日 | 世界まぐろデー |
| 5月21日 | 国際お茶デー |
| 6月7日 | 世界食の安全デー |
| 6月18日 | 持続可能な食文化の日 |
| 10月16日 | 世界食料デー |

図2
「住居」にかかわる国連デー

| 日にち | 名称 |
| --- | --- |
| 2月13日 | 世界ラジオ・デー |
| 6月3日 | 世界自転車デー |
| 11月19日 | 世界トイレ・デー |
| 11月21日 | 世界テレビ・デー |

　　これらの記念日は、テーマの食料や品物・設備の普及にかかわることだけでなく、それぞれが私たちの生活や社会に与えている新しい価値や可能性も踏まえて定められています。例えば、「まぐろデー」ならばまぐろの持続可能な漁獲や漁師の雇用について、「自電車デー」ならば自転車の手軽さやクリーンで環境にやさしい交通手段であることについて、記念日制定に当たって意識されています。

　　これらのことと資料、図1、図2を踏まえて、新しく「衣服」にかかわる国際的な記念日を定めるとしたら、どのようなものになるでしょうか。記念日の名前と、記念日に込められたあなたの考えをそれぞれ述べなさい。

(2022年　サレジオ学院)

01 地理地形　02 地理産業　03 歴史分野　04 公民分野　05 国際社会　06 SDGs問題　07 AL問題

問 53 解答例

[例]「衣服ロスデー」を提案します。世界ではファストファッションの影響により衣服の大量生産が進み、大量の新品の衣服の廃棄が問題になっています。「衣服ロスデー」を通してファストファッションの見直しを進めることで、不必要な衣服の生産を減らす呼びかけを行い、余った衣類を着る服が無くて困っている人に送るといった取り組みをする。

[例]「ユニバーサル衣服デー」を提案します。世界は様々な気候があり同じ服を着るのは難しいが、春分や秋分など比較的世界の気候に差が小さい日に同じ種類の肌着や服を着ることで、国や気候や環境は違っていても、同じ地球に住む仲間だという自覚を持つ日にしたいです。

問54　宇宙で生活するとしても、同じような食事ができるとはかぎりません。現在も、宇宙での食事には工夫がされています。JAXA(宇宙航空研究開発機構)のホームページによると、

> 宇宙食は、国際宇宙ステーション（ISS）で宇宙滞在を行う宇宙飛行士に提供される食品です。宇宙食には、
> ① 宇宙飛行士の健康を維持するための栄養が確保されていること。
> ② 高度な衛生性。
> ③ 調理設備が限られた状態でもおいしく食べられること。
> ④ 宇宙の少ない重力環境で飛び散ったりしない食品や容器の工夫。
> ⑤ 長期保存に耐えられること。

と書かれています。

　あなたが宇宙食のメニューを考えるとしたら、どのようにしますか。上に書かれている厳しい条件①〜⑤の中で二つ以上選び番号で答えなさい。さらに、考えたメニュー名とそのメニューにした理由を記述しなさい。

（2021年　西武学園文理）

問55　小学校5年生で日本の地理を学び、6年生で日本の歴史や政治の仕組みを学び終えた上で、最後にこれらの学習をする意味はなんですか。

（2021年　森村学園）

01 地理地形
02 地理産業
03 歴史分野
04 公民分野
05 国際社会
06 SDGs問題
07 AL問題

問 54 ▶ 解答例

例 選んだ番号①と⑤

メニュー名：宇宙クッキー

理由：クッキーは色々な栄養分が含まれ、また長期間の保存がきくから。また、小型にして一口で食べられるようにすれば無重力の空間にクッキーが飛び散ることがないから。

例 選んだ番号：①と④

メニュー名：宇宙プチシュークリーム

理由：カスタードに使われている砂糖を吸収することで宇宙での大変な作業に必要なエネルギーを得ることができる。また一口サイズのため外に飛び散ることなく食べることができるから。

問 55 ▶ 解答例

例 地理について正しく理解していなければ歴史上の出来事がどこで起きたか正確に理解することはできない。また、現在の政治の仕組みはこれまでの歴史が大きく影響しているため、政治を学ぶ前に歴史を先に学んだ方がいい。そして一通り学習した後、他分野と関連づけて改めて学ぶことで幅広い理解が得られると思うから。

例 まず日本という国を知らなければ歴史も政治も考えることができない。だからまず日本の地理について学習し、歴史や政治を学習するための土台を作る。そして、改めて3分野を学習することで、現在の社会について理解を深め、将来私たちが何をするべきかを考えることができるから。

問 56

(1) 2018 年にサッカーワールドカップロシア大会が開催されたときに、日本の試合終了後にサムライブルーのユニフォームを着た日本人サポーターがスタジアムのゴミを拾い集めていたことが現地の新聞で報道されました。

　今までも日本人サポーターが、試合終了後にスタジアムのゴミ集めをして、たびたび外国人から「マナーの良さ」を賞賛されてきました。ただし今回の記事は「マナーの良さ」を賞賛するのではなく、全く逆の意味で掲載されました。現地の新聞には「現地の清掃の仕事を奪う」記事として紹介されたのです。

　このように「同じことや同じ行為」でも、「国や地域が違えば見方や考え方が違う」ことはたくさんあります。他にどのような例があるとあなたは思いますか。国や地域をあげて具体的に説明しなさい。

(2) 「観客のマナーを維持すること」と「現地の人の仕事を奪わないこと」の両方を満たすには、どのような行為や工夫をすればよいとあなたは考えますか、問題を解決する方法を具体的に考えなさい。

（2021 年　工学院大学附属中）

01 地理地形　02 地理産業　03 歴史分野　04 公民分野　05 国際社会　06 SDGs問題　07 AL問題

問 56 ▶ 解答例

(1)

㋐ テストで正しい答えを出したときに、日本は「○」を記すが、アメリカでは「✔」をつけるという違い。

㋐ 同じ虹であっても日本では７色で捉えるが、ドイツでは５色で捉えるという違い。

㋐ 日本では食事を残すことはもったいないと考えているが、かつての中国では全部食べきると、十分なおもてなしができていなかったと考える違い。

(2)

㋐ 観客は座席に残っているゴミを集めて現地の人に渡すことで、観客は座席を汚さないというマナーを守ることができる一方、現地の人は最終的に自分たちでゴミを片付けることができるので仕事を奪われずにすむことができる。

㋐ 観客と現地の人が一緒に清掃活動をすることでお互いの交流が深まる上に現地の人の仕事をそれほど多く奪わずにすむことができる。

　前著のあとがきで私は、①今後も思考力問題を出す学校が増え、毎年刊行できるだけの出題量になる可能性がある。②世の中の変化と思考力問題の相性が良いことの2つに触れました。

　まず①ですが前著から3年後の刊行と、毎年とはいきませんでした。しかし、前著は3年分の入試問題を集め約150問掲載しましたが、本書も同じ3年分で約400問掲載しています。出題量としては増加傾向にあり、今後も思考力問題に注目する必要があります。また②も本書に掲載した問題を解くと分かるとおり、新型コロナウイルスやそれによる影響、東京オリンピック、ロシアのウクライナ侵攻とここ3年間で起きた出来事に関する問題が多く出ました。社会が変化すればそれに合わせた対応が求められます。そしてこうした変化に対応するには思考力が必要になります。ですから今後も多答式の思考力問題を出す学校が増えていき、中学受験において重要な要素になっていく可能性が高いと言えます。

　では、今後の中学受験でどのような思考力問題が出るでしょう。おそらく生成AIに関する問題が出るでしょう。例えば

問題1

　現在世界は生成AIの進化を目の当たりにしていますが、私たちは生成AIにどこまで頼り、頼ってはいけないでしょう。あなたの考えを述べなさい。

問題2

　生成AIは私たちの生活を豊かにする可能性を秘めていますが、一方でリスクも伴います。考えられるリスクとして何があるでしょう。またそのリスクに対してどう取り組むことで生成AIを有効に使えばいいでしょう。あなたの考えを述べなさい。

　問題1は無限の可能性を秘めた生成AIをどこまで利用すればよいのか

を考える問題です。夏休みの宿題を生成 AI に任せるかといったニュースを参考に考えてみてはどうでしょう。問題 2 は新しいものが出てきたときには利点と問題点が出てくるものです。これにどう取り組み、よりよい道具にするか考えてみて下さい。決して SF や絵空事ではなく現実に起こりうると想定してこの 2 つの問題に取り組んでみてください。

　他にも流通業界における労働環境の改善がきっかけで物流が滞るおそれがある「2024 年問題」があります。そうした問題に関した以下のような問題が出る可能性があります。

問題 3

　あるコンビニエンスストアは実験的に冷凍おにぎりの販売を行っています。この目的を、常温でおにぎりを販売することとの違いに注目して答えなさい。

　常温のおにぎりよりも冷凍のおにぎりの方が長期間保存できるのがポイントです。一度に大量に運ぶことでドライバーの負担を減らすことが期待できます。また、長期間お店に陳列できるので廃棄される量が減り、食品ロス対策にもなります。社会の変化にどのように対応するか、こうした問題も来年の入試で見かけることでしょう。


　以上のように、中学受験合格において重要な要素になりつつある思考力ですが、これは例題で扱った生成 AI を利用することの多くなると思わるこれからの社会では必要な能力です。本書を通して中学受験、そして社会で上手くいくための方法を手に入れて頂ければ幸いです。


2023 年 9 月吉日

著　者

## ◆著者プロフィール◆

### 田中則行（たなかのりゆき）

　20年近く個別指導塾で主に中学受験を指導、多くの受験生を御三家などの難関校合格に導く。また勤務先の塾で塾専用教材・学校別模試などの作成にも関わり、指導以外の面からも受験生をサポートしている。

　また、2018年にTwitter（現「X」。https://twitter.com/tyuukisya）を、2020年にnote（https://note.com/tyuukisya）を開設、これまで得た知識や経験を基に入試分析・時事問題・思考力問題といった、中学受験社会に関するあらゆる情報を発信、多くの人から支持を得る。そして2021年からは日本経済新聞夕刊に掲載されている「育む」を通して中学受験に関することを紹介している（不定期）。

中学受験社会

## 思考力で解く記述問題400題

2023年10月20日　　初版第1刷発行

著　者　　田　中　則　行
編集人　清水智則　　発行所　エール出版社
〒101-0052　東京都千代田区神田小川町2-12　信愛ビル4F
電話　03(3291)0306　　FAX　03(3291)0310
メール　info@yell-books.com

ISBN978-4-7539-3554-3

## 中学受験社会
## 思考力を身につけるレッスン帳

学校では教えてくれない
難関私立校、公立中高一貫校で
増え続ける思考力問題の対策法

第1章：地理地形／第2章：地理産業
第3章：歴史分野／第4章：公民分野
第5章：国際社会／第6章：SDGs
第7章：AL問題

四六判・本体1500円＋税

田中則行・著

ISBN978-4-7539-34786-7

## 早稲田・慶應中学の社会
## 偏差値40台からの大逆転合格法

早稲田系中学・慶應系中学合格実績No.1の
塾講師が教える社会の勉強法

第1章：早稲田・慶應の地理
第2章：早稲田・慶應の歴史
第3章：早稲田・慶應の公民
第4章：早稲田・慶應で合否に差がつく問題編

四六判・本体1600円（税別）

望月裕一・著

ISBN978-4-7539-3472-0

単なる丸覚えから脱し、論述や理由を問う学校の
入試対策に役立つ!!

## 中学受験 論述でおぼえる最強の理科

第 1 章　植物編／第 2 章　生態系・環境編／第 3 章 動物編／第 4 章　人体編／第 5 章　電気・磁石・電磁石編／第 6 章　天体・星・月編／第 7 章　燃焼編／第 8 章　熱編／第 9 章　気体・圧力編／第 10 章　力学編／第 11 章　気象・天気編／第 12 章　台地・地層・地球史編／第 13 章　音・光編

ISBN978-4-7539-3449-2

## 中学受験 論述でおぼえる最強の社会

第 1 章　地理分野

　農業・水産・林業

第 2 章　歴史分野

　古代から平安／鎌倉・室町時代・戦国時代／江戸時代／明治維新から第二次世界大戦／戦後

第 3 章　公民分野

　法・政治・国会／暮らし・社会・経済関連／国際社会・世界／環境問題・世界遺産・時事問題

「なぜ」に特化し、論述力も同時に
鍛えられる画期的問題集が誕生!!

ISBN978-4-7539-3518-5

長谷川智也・著

◎本体各 1500 円（税別）